You can't teach a kid to ride a bike at a seminar
Sandler Training's 7-step system for successful selling

7步签单

让你大跌眼镜的销售法

[美] 大卫·桑德拉（David H. Sandler）/ 著
付贺宾 / 译
伍　杰 / 译校

折扣金额　¥6.66

支付金额　¥

中信出版集团 · 北京

图书在版编目（CIP）数据

7步签单 /（美）大卫·桑德拉著；付贺宾译 . -- 北京：中信出版社，2018.4（2025.5 重印）

书名原文：You Can't Teach a Kid to Ride a Bike at a Seminar, 2nd Edition

ISBN 978-7-5086-8608-0

Ⅰ. ① 7… Ⅱ. ①大… ②付… Ⅲ. ①销售学 Ⅳ. ① F713.3

中国版本图书馆 CIP 数据核字（2018）第 028262 号

7 步签单

著　　者：［美］大卫·桑德拉
译　　者：付贺宾
译　　校：伍　杰
出版发行：中信出版集团股份有限公司
（北京市朝阳区东三环北路 27 号嘉铭中心　邮编　100020）
承 印 者：三河市中晟雅豪印务有限公司

开　　本：787mm × 1092mm　1/16　　印　　张：18.75　　字　　数：244 千字
版　　次：2018 年 4 月第 1 版　　印　　次：2025 年 5 月第 7 次印刷
京权图字：01-2017-2098
书　　号：ISBN 978-7-5086-8608-0
定　　价：59.00 元

广受赞誉的桑德拉销售体系

我去会见一个客户，之前我们尚未达成过任何交易，但我那次与客户分别时，却签订了价值1.3万美元的订单。将桑德拉销售体系作为我们公司沟通方式的决定，极有可能是我曾做过的最好的决定，没有之一。

——杰夫·温顿（Jeff Tempone），
East Coast Refrigeration 公司首席执行官

我们当时正处于一个转折点，准备要出售公司，而从桑德拉那里学到的东西改变了我们的整个组织。我们如今建立了一套行之有效的可衡量流程，而在此之前，我们可以说是“毫无章法”。在与桑德拉签约之后，我们开始研究与每个客户做生意所需要的成本，这帮助我们做出了更好的业务决策。桑德拉销售体系确实是一套以指标为导向的方法。我们终于意识到，桑德拉做生意的方式适用于整个组织，如今它已成为我们工作文化的一部分。

——卡什·黄（CaSh Wong），Shing Digital 公司首席执行官

我实际上把接受过桑德拉培训视作自己的竞争优势。在我的竞争对手在镇子上东奔西跑以及忙着写建议书、做免费咨询时，我则坐在自己的办公室，拨打陌生销售电话，然后去拜访客户，我所耗费的时间要比他们少得多。我知道，我比他们少花了很多精力，但我得到了客户愿意支付的预算，而且我能兑现我向客户许诺的一切。

——杰罗德·哥达德（Jarrod Goddard），Net Shift Media 公司总裁

一旦你领会了桑德拉的理念，你下班后也不会忘记它。它可以帮助你改善个人生活，我们相信它。

——格雷格·麦克（Greg Mack），东芝公司业务部经理

我们与客户建立了更为优质、更为长期的关系。整个桑德拉销售体系确实行之有效，我们靠它获得了巨大成功。

——马克·塔克勒（Mark Tucker），
BlueRhino 公司销售及销售规划副总裁

推荐序

preface

当我提笔要写下这篇序言的时候，我的内心充满了感慨、感恩和兴奋之情。从7年前桑德拉培训进入中国的第一天起，我就完完全全活在桑德拉培训的教导中。每一天我都在学习、培训、辅导学员和客户，它对我个人以及客户的影响和帮助是如此巨大、深刻、持久。

我曾无数次听到学员在参加完我们的短期培训后这样说：**"一开始我以为这又是老生常谈、换汤不换药的销售培训，我听得够多了，但桑德拉颠覆了我对销售的认知。"**

我也曾无数次听到那些接受我们长期强化训练和实战辅导，并在工作中实际运用桑德拉方法的学员这样说：**"桑德拉方法太有效了！它不仅提高了我的销售业绩，还对我的思考方式、生活状态产生了巨大影响！我在生活中也经常使用它。"**

该书内容简介

这本书是桑德拉培训的创始人大卫·桑德拉对"桑德拉潜水艇销售法"的系统讲解，也包括了其开创这套销售体系的缘起、深层思考和系统逻辑。桑德拉培训的现任首席执行官大卫·麦特森做了部分阅读提示。我则有幸参与了这本书的译校，以帮助读者更好地在中国文化和销售语境中理解运用该书的内容。

"桑德拉潜水艇销售法"是桑德拉销售体系中最基础也是最核心

的内容。掌握了这本书的理念及准则，会为你理解桑德拉销售体系中众多其他主题（包括新客户开发、企业大客户销售、商务谈判、客户管理、销售管理、领导力等）的内容打下良好的基础，因为它们是一脉相承的。

该书理念在销售中的运用

或许你和我们的众多学员一样，在接触桑德拉培训之前已经参加过无数的销售培训，其中甚至不乏其他的知名国际版权课程。倘若如此，我们首先要恭喜你，因为你已经打下了不错的基础。同时，你或许也会有这样的感受：很多课程听起来很有道理，逻辑很严密，但用起来完全不是那么回事儿，或许你还是没办法真正有效应对下列销售过程中的挑战。

客户说："我再考虑考虑……"

客户说："我跟领导报告后再联系你……"

客户说："你们的产品真的没什么特别吸引人的地方……"

客户说："你们的产品太贵了……"

不停地做方案、改方案，成交却寥寥无几。

感觉被客户签着鼻子走，很被动。

总是为订单能否拿下感到焦虑、紧张，却又无从下手。

面对客户感觉"不平等"，甚至"低人一等"。

……

传统的培训总是让你展示FAB①，即以你的特性、优势、价值为

① FAB利益销售法，是推销员向客户分析产品利益的方法，即在商品推介中，将商品本身的特点、商品所具有的优势、商品能够给客户带来的利益和价值有机地结合起来，按照一定的逻辑顺序加以阐述，形成完整而又完善的推销劝说。——编者注

卖点；他们总教你要“处理反对意见”；他们让你“坚持不懈”；他们让你“把预算和价钱留到最后来谈”；他们认为“客户是上帝”……

或许你也曾无数次尝试这些技巧，但发现效果越来越差。更要命的是，客户似乎早就看穿你了，你还没出招，他就已经猜到了你接下来要说什么，用什么招式来“威逼利诱”以尽快成交。这真的很让人尴尬，就好像你在客户面前被扒光了衣服一样。更让人懊恼的是，即便你委曲求全地做了很多事，效果却微乎其微，你总是在担心是否能成交、什么时候能成交。

或许在经历这么多挫折后，你都麻木了，你甚至开始批判自己“学得不够好”。非也！是你的方法和工具有问题，你学了错误的方法！你以往所学的方法之所以无效，有以下几个原因。

1. 没有从系统上、结构上解决问题，只是在单个细节上修修补补。
2. 方法和技巧不够精细、无法落地，只停留在“有道理”的层面。
3. 很多方法、技巧细想起来是不符合“人性”的，难以持久使用。
4. 讲师们是以讲课为生的，他几乎不用他自己教的方法真正去销售。

关于第1点，请阅读该书第一章，你会意识到，你以往学的销售方法完全在买家系统的掌控之中，所以仅仅是在个别细节上的技巧提升，于销售全局而言是无济于事的。那种感觉就像，任凭孙悟空怎么折腾，都飞不出如来佛祖的五指山。

关于第2点，我们要掘地三尺问到底，究竟怎么做？比如所有的培训都让你“少说多听”，但是究竟如何让客户愿意滔滔不绝地讲话、讲真话，这里面的原理、细节却鲜有人深究，更没有惊喜的方法工具，最终导致“少说多听”成了一个很难落地的“正确的废话”。我在陪同销售人员拜访的过程中发现只有不到15%的销售人员能做到这一点，哪怕是世界500强企业中在销售岗位磨炼多年的资深老销售人员都没完全做到。

关于第3点，最简单的例子莫过于我们都知道要早睡，要经常运动，但很少有职场人士能够真正做到。头脑中认为“正确、应该、合理”的驱动力，最终还是在“内在价值冲突、焦虑、恐惧、自我价值感不足、自驱力不明确”等因素的包围中败下阵来。同样地，在销售中一味地鼓励你要咬牙坚持、逼单、软磨硬泡、威逼利诱、死缠烂打、以量取胜、讨好客户……这些做法的背后都是对销售人员本身以及对客户“人性”的极大不尊重，最终结果也是吃力不讨好的。

我建议你仔细阅读本书第二章至第四章，大卫·桑德拉用他本人的亲身经历告诉你，怎么诚实地面对自己的恐惧、焦虑、压力（他性格内向，不善言辞，打完客户开发电话会因紧张出汗衣服都湿透了）。大卫·桑德拉也分享了他是如何诚实而又有尊严地面对客户，最终开发出这套双赢的销售方法论的。此外，本书第十六章也提供了重要的建议。我想再次重申的是：**只有尊重你自己，才能真正地尊重客户。**

关于第4点，这或许是整个培训行业的痛点之一，我就曾认识很多自己销售做得很一般，却转行做了销售培训师的从业者，他们几乎不用自己教导的内容去销售，却利用客户对培训产品的辨识力不足以及讲台上的表演力蒙混过关，这真的是件很滑稽的事情。但对于桑德拉培训公司来说，我们会坚定不移地走“实战辅导”的路线。我们坚信实战辅导和强化训练的力量，正如过去50年我们所做的那样。

本书将要分享给你的是有别于你以往听到的任何一套销售理论。它是关于“打破常规”和“销售实操”的。它提供了这样一套销售体系：

- 让客户没有压力，让你也倍感轻松、优雅、有尊严；
- 客户会自己做方案，并且自己消除反对意见；
- 客户会主动成交，而不是总说“再考虑考虑”；
- 客户会一直感谢你，并持续为你转介绍；
- 打破客户对销售人员的认知和偏见。

这套体系是你在面对每一个客户时都可以重复使用的，是可以随时告诉你“现在处在什么位置，接下来该做什么”的，是可以成为你的组织上下共同的销售语言的，是任何个性和行事风格的人都可以运用的。

它与其他课程最大的不同有以下几点。

第一，与所有国际版权课程一样，桑德拉培训重视流程、逻辑、工具这些理性的部分，这一点你将会在书中清楚地看到。但与此同时，桑德拉培训非常关注流程、技巧背后的人性！桑德拉培训关注“人”——无论是你还是客户，它关注你们的动机、驱动力、情绪、心理。关注你在与客户互动中表现出来的感觉、情感、心理、能量状态（如抓取、讨好与从容、优雅）。在现实中，我们无数次在陪同销售人员拜访的过程中发现那些“很有道理”的方法根本没用，因为客户的反应完全超出你的预期，而这时桑德拉方法的威力则体现得淋漓尽致，既不失尊严，又取得进展。

第二，每天，桑德拉培训近千位教练在全球范围内亲身实践桑德拉的方法，他们不仅仅是讲师，也是一位销售人员。每天，他们都在陪同客户拜访，给客户做实战辅导。从桑德拉创立以来，近50年来我们都在这么做。所以，这套方法是真正在全球三十多个国家久经验证的。

第三，与当前其他多数销售培训理念不同，桑德拉培训要教给你的不是做更多的事情，不是打鸡血式的口号、低三下四地缠斗客户、狠命逼自己，不是基于恐惧和匮乏拼命“抓取”……而是正好相反，让你放松，让你从容、优雅、自信！

第四，这不仅仅是关于技巧和“做”的层面，如果你真正实践过桑德拉的理念和方法，你会同意“术至极则近道”，这是一个关于认知和提升“你”的系统。它让你能诚实、坦然、有效面对内心的紧张、焦虑、匮乏、无获感，它帮助你发现你的盲区和限制性信念，帮助你走出你的舒适圈，更上一层楼。

该书理念在领导力、管理、生活中的运用

正如上文提到的，这是一套关于“人性”的方法论，如果你真正理解和掌握了这本书的原则和技巧，请注意——我说的是真正掌握，你将会轻而易举地将它们运用于领导力、团队管理和日常生活中。

无论是销售，还是沟通、说服、影响力、领导力，都有以下共通点，那就是：

- 让对方感觉到被尊重、受保护和安全；
- 让对方感觉到被理解、有共鸣；
- 协助对方找到、厘清内在的驱动力，而不是强力驱迫；
- 洞见并引领对方发现“新”的领域和方案；
- 引领对方共创解决方案；
- 让对方对行动计划有强烈的认同感、自主感、拥有感；
- 有共赢的感觉和达到共赢的结果；
- 明确一致的期望管理；
- 对过程、行动的支持。

正因为如此，当你学会了该书的内容，也就很容易掌握桑德拉体系中关于管理、领导力、客户服务等其他主题的内容。这是其内

容体系的内在关联性和兼容性的体现。这也是许多的客户都选择我们的服务超过3年的原因——他们重建了整个销售/管理体系，从流程到工具、从销售语言到团队文化、从战略到技巧、从培训到实战落地。

但更为重要的是，或许对你来说即便永远不从事销售工作，桑德拉体系也会是无价的，那就是——你将更了解你自己，你将拥有更强大而又平静的内心！

此刻，怀着深深的感恩之情，我由衷地感激大卫·桑德拉创立的这套经久不衰的体系，它让我以及众多中国的客户真正地体会到了销售人员的高效、自由、尊严和优雅。

我也由衷地感谢桑德拉的首席执行官大卫·麦特森对中国市场及中国团队的支持。感谢全球桑德拉的近千名实战教练，在30个国家共同创造着丰硕的成果。最重要的是，我更要发自内心地感恩中国客户，他们的进步和成功让我们内心无比坚定。

令我兴奋的是，我们将以本书的理念及方法，与无数有缘的读者结缘、共振。我甚至能看到一些读者茅塞顿开、恍然大悟地惊叹一声“啊哈”的画面。那一刻，将是我们之间最深的连接，也是我们最大的喜悦。

如果这本书中有任何令你心动的部分，请务必在工作中、生活中加以实践，如果你也希望听到其他桑德拉培训客户/学员的运用体会和分享，或者想了解桑德拉培训在中国的实战培训和实战辅导资讯，欢迎关注我们的网站 www. sandlerchina. cn，以及平台公众号 sandlerschool，与我们一起分享，让我们见证你的成长吧！

桑德拉·中国总裁、首席训导师　伍　杰

2018 年于上海

前 言
foreword

50 年前，大卫·桑德拉首次尝试进军个人发展和销售培训领域。但是，他很快就失败了。

在后来为世人所知的桑德拉原则中，最为重要的原则之一就是：你必须要学会面对失败。如今我们很容易忘记，这一原则与桑德拉销售体系的其他原则一样，都是桑德拉个人直接经历的产物。学会面对失败是指“拥抱客户的拒绝”——你在本书接下来的章节会了解这一概念——但在这之前，这是指桑德拉必须诚实地面对他自己，面对他所做的事情。一开始的时候，桑德拉所做的工作真的没什么效果。他根据自己对其他职业销售人员的观察，亦步亦趋，但他没有得到渴望的结果。不久之后，他发现自己被击败了，他的自尊跌落到了低谷。

桑德拉做了一些深层思考，得出结论：他在培训中所学到的技巧已经过时了——这些技巧太老旧了，以至于潜在客户完全猜到了他下一步要做什么、说什么，还会故意丢出一些反对意见和障碍，让本已不易的销售过程更加艰难。桑德拉意识到，他最大的问题在于：他没有一套自己可以一直反复遵循的销售行动指南。

最后，他自己创造了规则，并与他人分享。这些规则改变了销售培训行业。

这些规则可以说是帮助了数百万销售人员，帮助他们将职业生涯提升到了新的高度。而且，你手中所拿的这本书已成为经久不息的商业经典教材，这很大程度上是因为这本书以令人信服的方式讲述了桑德拉所创的那套规则。

桑德拉培训如今是销售培训行业的领军者，是桑德拉重塑了这一行业。在对本书（桑德拉先生本人的最后一本书）进行再版以将其带进21世纪时，我并未企图改变他的原文或改变他所传达的信息的基本原则。我只是在适当的地方补充一些我的见解或最佳实践，以体现桑德拉销售潜水艇系统在当今新时代的新应用。我的补充论述采用了不同的字体，与原文区分开来，读者可以十分容易地区分我和他的话。这些补充讲述都在“桑德拉培训小技巧”下。

桑德拉是销售行业的真正先驱者之一。他是销售行业中从“短期培训班”模式转向“强化训练和实战辅导”模式的第一人。他的这一改变旨在帮助那些想要将自己的个人职业发展提升到新高度的人。他开创了桑德拉销售实战俱乐部，主要参与对象是一群想要参加持续的强化训练和实战辅导，而非一次性填鸭培训的人。桑德拉这样做是因为：他发现，人们参加了他的培训会之后会变得很兴奋，但他们并不能将所学的全部内容加以运用。要学的东西太多了，于是桑德拉开始采取一种类似学校教学的方法，一点一点讲授内容。我们如今依然以这种方式教导他的内容。

桑德拉还把“痛点”的概念带到了销售行业。自那以后，许多公司都尝试着将痛点的概念整合进他们自己的培训材料，但桑德拉是把痛点引入销售模式的第一人，也是将“医生”类比带入销售过程的第一人。

不过，最重要的还是桑德拉销售过程中所涉及的心理学。

即使在今天，仍有许多销售培训公司在关注你作为一个销售人员应该“说什么”。桑德拉是第一个关注你该如何“思考”的人。许多销售培训组织会提供一些话术，这些话术在课堂上听起来很棒，但在与潜在客户或客户实际沟通时却不太现实。桑德拉会教你在不同情况下如何“思考”，让你清楚地知道在不同情况下或面对不同客户时你说的话会有不同。桑德拉也改变了你要如何看待自己！基于成功金三角（实现成功所需的行为、态度和技巧），桑德拉获得了致胜因素的组合。这一组合归结为灵活的会话销售模式，不需要你去死记硬背话术，反正那些话术是没用的。今天，我把桑德拉销售体系称为“销售 GPS”（销售的定位导航仪）。它能带你抵达你想要去的地方。

桑德拉认为，销售人员是后天训练出来的，而非天生的。他认为，要想在职业销售上取得成功，你不一定要是外向的性格，他以自己为例证明了这一点。他认为，在整个销售职业生涯中，我们可以不断地塑造如何向下一步推进以及如何与客户交流，我们不必卡在舒适区。还有同样重要的一点是，他认为销售是科学而非艺术，有着明确的因果关系。

我很荣幸能够在 1986 年认识桑德拉，直至他 1995 年去世。他是个伟大的导师和教练，因为他的处事风格总是“以你为中心”。

让我来解释一下这其中的含义。传统销售过程总是关注产品、服务、特性和优点。一个销售人员会花费大量时间寻找区别于竞争对手的独特卖点和不同点——这种“优势”如此细微，以至于只有非常资深的产品专家才能注意到它们。从潜在客户和客户的角度来看，多数供应商彼此非常相似，甚至可以说没什么区别。

桑德拉对此提出了挑战，他不去关注产品或服务，而是去关注对话中的另一方，即潜在客户。他关注“人”。他希望我们找出人们真正的问题和关注点。他想知道潜在客户当前的状态与其想要达到的状态之间的差距。他想知道潜在客户以什么方式进行采购。与此同时，他教我们如何维持潜在客户的自尊。他为我们展示了如何让人们感到安全和舒适，让他们乐于分享他们之前可能从未想到过的东西，让他们乐于分享他们本未打算对刚认识的人分享的东西。他用同样的方式来维护他自己的员工的自尊。

桑德拉有三个优点。正是他的这三个优点使他的员工喜欢公司的文化，愿意为他工作。

第一个优点也是最重要的，桑德拉是无私的，这个词或许今天已经被用得很滥了，但也只有这个词能准确地形容桑德拉。作为一个教练和导师（当然也作为一个销售人员），他从不关注自己。他总是在关注他人，并且他在这样做时总是非常轻柔。

他的第二个优点是做事思路非常清晰。清晰是他管理风格的重要部分，他在沟通和设定期望时思路非常清晰。他知道什么对你重要。他珍视忠诚，他看重努力工作，而且他总是确保你知道自己正处于什么状态。你根本不必担心和他不好相处。他总是清晰地向我们传递愿景以及我们当前所处的位置。他会提供路线图，或者会要求你提供路线图，他会认可你，然后会不断地为你提供反馈，以便你能不断调整。他会清楚地告诉你从何处下手。如果你一开始做得不对，他会随时帮助你进行调整。他会对你做得好的地方进行肯定，让你感觉良好，然后才开始谈论“还需要做的事情”。这样一来，你总是能对自己已实现的成就感觉良好，并且你清楚地知道需要做些什么才能达到下一个目标。凭借这一优点，经理们在与桑德拉交流时都能清楚地了解其所要表达的意图以及事情的边界。这一点帮助大家能够明确地朝着应去的地方前行，从而可以快速成长。

除了做事思路清晰这一优点，桑德拉还总是确保你能感到安全，这是他的第三个优点。关于一个组织内员工安全感的重要性，再强调也不为过。安全感不仅会让人们在本已做得很好的地方持续发扬光大，还会让他们专注于需要提高的地方。当你心生恐惧时，你不会去做那些使你卓越的事情。你会退缩不前、踌躇犹豫、怀疑自己。大卫是通过“两个P”为员工提供安全感的：保护（protection）和许可（permission）。

桑德拉的第一个P是指保护，他会保护你。只要你在你们约定好的边界内，他会让你知道你是安全的。他知道你不可能从不出错。如果你的出发点以及你所做的事都是对的，那么他总是将结果视为一种学习过程，即使结果不是他想要的，不是他需要的，或者不是他所期待的。这种保护让你享有独立思考的自由，让你敢于尝试。

桑德拉的第二个P是指许可，同样也是他让员工享有安全感的一个重要部分。你知道你可以做决定的范围，因此你知道自己有权在这个范围内进行决策。你从不会感到拘谨。你从不会想："我最好在决策之前先去问他一下。"当然，桑德拉要求你勤奋、考虑周全、遵循规则、愿意冒可预计的风险。他要求你解释自己的决策——但他总是允许你进行决策，这意味着他也允许你失败。多数人不会总是做出100%正确的决策，桑德拉也知道这一点。因此如果你待在你们约定的范围内，你永远不会感到自己的工作处于危险状态。

幸运的是，你可能遭遇的失败不会太过严重，当你真正遭遇失败时，也是宝贵的经验教训。如果你坚守己见，但最终没取得成功，桑德拉总是会尊重你曾为之付出的努力。他知道，即使是"失败的"项目或意见也总是有好的地方。他会将有用的东西提取出来，用作他处。

我个人与桑德拉在一起度过的时间是很特别的。在我职业生涯中关键性的那些年里，他教我如何思考、如何分析、如何沟通。而我发现，这三样礼物正是多数人在学习桑德拉销售体系时也能学到的。

现在，我领导着他所创立的公司，当人们向我讲述他们与桑德拉销售体系的故事时，我一次又一次地听到以下两个说法：

- **我多希望25年前就有桑德拉销售体系；**
- **桑德拉在生活中对我的帮助，不亚于在职场上对我的帮助。**

我经常听到这些评论，我总是在想：如果我的导师和教练知道我们仍在不断地得到这种反馈，该会有多高兴。这是桑德拉的遗产，不是任何其他人的遗产。我为能成为桑德拉培训的一分子而感到自豪。

我希望你像之前的众多人一样，能够很享受地阅读这本书。我希望你能对桑德拉与你分享的东西持开放的心态。我希望你能将你认为有道理的东西付诸实践。我希望你能像我一样运用大卫的理念：不仅将之用于改善你与客户的关系，而且将之用于自己的个人成长。

桑德拉培训首席执行官　大卫·麦特森

目录

7步签单

第一章

五步学会　销售之舞

面对潜在客户，如果你没有自己的销售系统，那么你就会在无意识的情况下落入潜在客户的系统中去。然而，潜在客户的系统从不会说：“已售。”潜在客户的系统会说：“销售人员是失败的。”

——大卫·桑德拉

不管你服务于哪家企业，也不管你从事什么职业，只要你需要靠销售谋生，或者说你需要依赖他人为你销售，那么这里有对你来说很重要的东西：骑自行车不是在课堂上学会的！

我们首先来回顾一下你当年是如何学习骑自行车的，你不是直接蹬上自行车就会骑的，对吧？如果你同多数孩子一样，那么你首先必须学习如何骑自行车的知识。你需要先掌握相关技巧，然后才开始练习。你必须在自行车上练习身体平衡，然后必须学习如何驾驭自行车，使之顺应你的需求。你必须想象自己骑自行车的样子。最终，如果你想成功掌握这些技巧，你必须和自行车“融为一体”。

当你第一次坐在自行车上时，你极有可能会借助辅助轮来避免自行车侧翻。你一天天地练习，一边努力控制不使自行车失衡，一边忙着应对道路的颠簸及各种岔路。即使有辅助轮的帮助，你仍会不时摔倒，对吧？但你没有放弃，仍然不懈地练习，力争自如地驾驭自行车。

终有一天，在你还未能自如骑车之前，你或者你的父母卸下了辅助轮，你进入了学习骑车的下一阶段。一开始，没有辅助轮的支撑，你会感到紧张不安。但你的朋友们都已经能够独立骑车了，因此你也该抛弃辅助轮了。你确实这样做了，尽管这让你做了一番心理斗争。有些孩子就是要比其他孩子花费更多时间来掌握骑车技巧，这说的是你吗？不！所以你必须现在就抛弃辅助轮。

学会如何像专业人士一样销售，与学习如何骑自行车非常相似。培训会不能让我们学会销售，但强化训练却大有好处。

很幸运，在你练习的时候，有人（可能是你的父母）会在旁边帮你维持自行车的平衡。你需要他们用手引导你，你需要他们用话语鼓励你。当你在私家车道或人行道上脚踏车轮时，有人抓着你的自行车后座帮你维持平衡，你很高兴。但当自行车的速度起来以后，帮你维持平衡的手就松开了。接下来发生了什么？

你摔倒了！哟，真疼。有时，你会疼到哭。有那么一段日子，你会觉得自己简直不可能学会骑自行车了。但是，即使仅仅是为了要跟上你朋友们的步伐也好，你仍然不断地尝试。然后有一天，你终于可以坐在自行车座上，自如驾驭着自行车的把手，完全靠自己骑车了。

你仍然会偶尔摔倒，或者会撞到路旁的树上、停靠的汽车上，但你现在不再怀疑自己的骑车能力了。你知道你办得到。你知道你能自如地驾驭它。你所需要做的就是练习、练习、再练习。熟练掌握技巧之后，你将永远不会忘记如何骑自行车。现在，你所需要的只是一点点时间。

学会如何像专业人士一样销售，与学习如何骑自行车非常相似。培训会不能让我们学会销售，但强化训练（reinforcement training）却大有好处。正如磁盘、书籍及视频不能让我们学会销售，但这些材料却是有用的工具，就像自行车的辅助轮和帮助维持自行车平衡的手一样。

要掌握职业销售的艺术，你需要学习一套体系。你需要掌握一些技巧（但绝不是传统的销售技巧），你还需要不断地接受培训和帮助，这并非一两天的事，而是要持续数月，甚至是数年。要想像专业人士一样销售，你需要改变自己的行为，改变数百年来深植于销售人员与潜在客户内心的先入为主的固有理念。要学会像专业人士一样销售，需要一个过程，你不可能一夜之间跨越这个过程。没有强化训练的帮助，你不可能征服它。同时，也不会有任何两个人在学习这套体系时花费同样多的时间。

不幸的是，许多人认为，在学习如何像专业人士一样销售时，有捷径可走。每年有成千上万的人参加各种培训会，购买培训录音，殊不知这些录音的制作者不过是些自诩的销售培训专家，目的是为了让你高兴，而非教你技巧。他们中有些人是在其他行业干不下去才来做销售的。就算他们能教给你一些东西，那也只是旧瓶装新酒的传统销售技巧。但这种销售技巧，如今已经不再有效了！这些所谓专家的技巧都是从过时的销售书籍中收集来的，再通过各种途径，如书籍、电视、网络或线下演讲等四处宣扬自己的本领，而那些缺乏鉴别力，又饥不择食的人就会认为他们的销售技巧已经经受过时间的检验，切实可行，一定可以帮助自己获得成功。

然而，结果又是怎样的呢？一切依然。或早或晚，这些人中的多数人会从自行车上摔下来。同时，又有多数人再也没有站起来继续尝试。在培训会之后的一两天，你会感到非常兴奋，你会在午餐时因所谓专家的故事而开怀大笑，但长期而言，这些培训对你并没有什么益处。例如，对于如何打陌生电话（cold call），所谓的销售专家会向你讲述他最喜爱的技巧："在打推销电话之前，只需一遍又一遍地对自己讲：'我爱打推销电话！我爱打推销电话！我爱打推销电话！'这一方法每次都有效！"

真的吗？这一招对我从未起过作用。我确实尝试过这样做。如果你要做此尝试，这一招对你也不会起作用。从 20 世纪 60 年代末起，桑德拉培训已就如何打推销电话及相关话题采访了数千个销售人员。结果表明，这些妄称自己喜欢打推销电话的人，从未真正打过推销电话！有关自诩的销售专家，就说这么多吧。

桑德拉销售小技巧

你必须学会接受失败。

打推销电话、挖掘销售线索、有效回复电子邮件，以及一个职业销售人员每天需要做的其他事情，遭遇失败是很正常的事。失败是人生的一部分，每个人都会遭遇失败。我们从失败中学习。取得伟大成就的人必定失败过很多次。认识到失败是一种潜在的积极体验，会让你获得一种新的自由：尝试新事物、更具创意以及跳出舒适区的自由。

——DHM[1]

平心而论，销售人员必须对这些年来销售这个职业以及自身的遭遇担责。我们不断让那些自诩的销售专家尝到甜头。我们不断在寻求捷径，希望一夜之间获得成功，希望能通过培训找到造就一个职业销售人员的关键。如此一来，那些所谓的销售专家才有机会剥夺我们的权利，向我们灌输许多有关销售过程的错误知识。

例如，有销售专家曾宣扬这样一种理念，即销售人员应该靠量取胜。只要一遍又一遍向所有愿意倾听的人进行方案展示，终会有人购买你的产品或服务！我要告诉你，这纯粹是无稽之谈。这样的销售方法毫无自尊可言。事实上，那不是销售，而是事务员的工作。这种方法已经不再有效。

与时下流行的销售培训原则相反，你不必为了成为一个成功的销售人员，而向所有愿意倾听的人进行方案展示。你不必进行夸张的表演，你不必像小狗一样奉承客户，你不必对客户卑躬屈膝，你不必抛弃自尊，你不必对自己的产品或服务假装热情满满。事实上，你完全不需要任何热情！

① DHM即大卫·麦特森。

听着：你不必说谎。

你可以在母亲和孩子面前大声说自己是个销售人员，而不用因此感到羞愧。

要想在销售上获得成功，你只需遵从以下5条原则。

(1) 筛选潜在客户。
(2) 挖掘客户的痛点。
(3) 验证客户有预算。
(4) 确保潜在客户有决策权。
(5) 将你的服务或产品与潜在客户的痛点进行匹配。

就这么简单。学会这5条原则，你就能掌握职业销售的艺术。

当销售人员与潜在客户跳起“销售之舞”时，总会有两个系统起作用：买家系统以及卖家系统。

买家系统通常是想要实现以下结果之一：尽可能地收集较多信息；通过协商获得最佳的产品或服务价格和条款；小心谨慎行事；节省时间等。所有销售人员都明白这其中的道理，但不幸的是，很少有人能做到这一点。

至于我这些年来所采访的销售人员，他们要么是使用传统销售系统，要么是在盲目销售，不太知道自己在做什么。眼下，让我们先来看下销售人员是否有自己的销售系统，各有什么后果。我们的研究发现，总体而言，潜在客户通常占据优势，但事实并不一定如此。

你可以在母亲和孩子面前大声说自己是个销售人员，而不用因此感到羞愧。

理想情况下，销售人员和潜在客户应把销售视为双赢。在销售中，双方应该公平，但现状并非如此。而这也正是本书的目的之一：

让销售人员和潜在客户能够互相公平对待。

很明显，在当今时代，潜在客户占据优势。多年来，潜在客户认为销售人员是无足轻重的。销售人员自己也接受了这一点，并且他们现在还在这么认为。有一点可以证明：为拜访一个买家，许多销售人员把大部分时间花在了等待上。这与医生和患者之间的关系有点类似，接受过多预约的医生几乎不怎么考虑患者的时间价值。

要让潜在客户与销售人员彼此公平对待，每个销售人员需要理解：潜在客户的买家系统包括 4 个步骤。

1. 潜在客户并不总是会告诉你真相，他们会藏好自己的底牌。首先，你需要理解，在潜在客户的价值体系中，不告诉甚至误导销售人员是很合理的行为。平时诚实正派的人也会认为：他们可以对销售人员想说什么就说什么。

他们误导你，并非因为他们道德败坏；他们这样做是出于自我保护的目的。毕竟，潜在客户知道，在他们忙于处理各种事务时，你在参加各种培训班，学习如何成为顶级销售人员。他们知道你在学习如何引诱他们做出购买决策，他们也知道你的方法能起作用。每次在选择与销售人员的会面时间时，不管是周二还是周三，不管是上午还是下午，不管是下午一点还是下午两点，他们都知道你是有所准备的。他们可能发现不了你所用的技巧，但他们知道你一定在谋划一些东西。并且，每遇到一个销售人员，他们都会变得更加精明，因为你的竞争对手也在运用同样的经过了时间考验的销售技巧。

因此，潜在客户会如何应对你高超的销售能力呢？他们会误导你。潜在客户知道，你的首要目标是让他们对你的产品或服务产生兴趣。因此，为了从你身上套取信息，他们常常假装感兴趣。潜在客户可能一开场就说，“我们听说你的公司很擅长……”或者“我们想知道你们的……对我们有何帮助”。他们会告诉你他们现有的系统运转良好，而实际上则是一团糟。他们会尽量少地谈论他们自己的真实情况或意图，对于他们在多大程度上需要你的产品或服务，他们不会给你任何提示，他们不会具体谈论他们的预算，甚至不会告诉你如何做出购买决策。而你身为销售人员，必须理解：潜在客户说什么并不重要，因为他们说的任何话都可能不是真的。

运用传统销售技巧时，你应该知道，潜在客户甚至在你拜访他们之前，就已经知道你的销售方法了！

请记住，你并非客户遇到的第一个销售人员。你可能是一个真诚、伟大的专业人士，等着一次绝妙的分享机会。但你的客户并不知道这一点。客户只是把你视作“又一个销售人员”，具有“销售人员”这个词所暗含的所有负面特征。

自第二次世界大战起，传统销售培训行业几乎可以说没有出过什么新东西。最棒的传统销售培训大师已是几代人以前的事了。举几例来说，J. 道格拉斯·爱德华（J. Douglas Edwards）、埃尔默·惠勒（Elmer Wheeler）和查尔斯·罗斯（Charles Roth）的讲义如今只是稍加改动便继续使用。但那些销售技巧是过时的。如今的潜在客户也是一路伴着这些技巧成长的。他们已阅读或听说过数百遍这些技巧，甚至上千遍。

如今的许多销售培训师仍在吹捧这些古老的培训课程。因此，他们只会让销售人员的工作更加艰难。运用传统销售技巧时，你应该知道，潜在客户甚至在你拜访他们之前，就已经知道你的销售方法了！

关于为什么客户会误导你，还存在一个更深层次的原因。想一下：你妈妈会鼓励你去做销售吗？

让我们来想一下那些通常用来描述销售人员的词汇：

- 死缠烂打；
- 骗子；
- 不择手段；
- 极其讨厌；
- 不值得信任；
- 过着底层生活；
- 卖狗皮膏药的。

什么样的妈妈会希望自己的孩子长大以后被别人这么称呼？什么样的爸爸会在晚上睡觉前对自己的宝贝私语："亲爱的，爸爸希望你长大后成为一个过着底层生活、不值得信任的骗子。"

这是如今许多潜在客户对销售人员的印象。普通大众认为销售人员是投机者，潜在客户不想与投机者打交道。

那么潜在客户保护自己的最好方式是什么呢？当然是通过误导你。

有两种最为人熟悉的误导方式：

- "我不感兴趣"，而实际上，如果能获得更为有利的条件，他们会感兴趣的；
- "我感兴趣"，而实际上，潜在客户并不感兴趣，只是怕如实回答后会遭遇来自销售人员的更大压力。

身为销售人员，你需要理解：潜在客户怎么说并不重要。他们有权误导你，有权只告诉你一半真相（甚至更少），且通常让你偏离正题。如果你期待每个潜在客户直白、主动地向你提供信息，而事实是他们并不想与你打交道，那么你的工作将会非常艰难！

桑德拉培训小技巧

不要苦干，要巧干。

你是否曾在犹豫不决的潜在客户身上浪费太多时间？你是否曾努力地想打动并不需要你的产品或服务，或者并不具有足够预算，或者不愿告诉你他的决策程序的潜在客户？你是否曾根据一个看上去存在的“机会”，因为你觉得自己已经做了很多的事情，便暗自计算收入？但实际上，你的客户并没有为此做任何承诺。我们中的许多人一直都是这么做的。

罗纳多·里根（Ronald Reagan）曾为面临这一问题的职业销售人员提过十分有道理的建议：“诚然，辛苦工作从来没累死过人，但在我看来，干吗非要亲自去试呢？”

跳探戈舞是两个人的事。如果你全靠一个人，那就太辛苦了。如果客户不能就需求、预算和决策程序与你展开详细、及时、以成交为目的的讨论，那么你就可以放弃这个机会了。持之以恒地追逐一个不适当的机会，可以说是苦干，但绝对算不上是巧干。这样利用你的时间太没成效了。我们在很多时候会为这种类型的辛苦工作找借口：我们告诉自己，我们已经在这个人身上投入了太多时间、工作和精力，或者我们已收到他们看似美好实则含糊其辞的邮件，或者我们认为自己必须证明点什么，因而我们“只能”继续下去。这都不是什么聪明的理由。放弃并追求下一个机会才是更为切实可行的。

——DHM

你不是潜在客户接待的第一个销售人员。如果你对潜在客户来说是一个陌生人，那么你更不值得信任。身为一个专业人士，你可能并不是众人摒弃的销售人员的形象，但那些业余销售人员可是符合这些形象的。他们很积极，他们每天参加培训会，他们的推销电话比你更快一步！

2. **潜在客户想套取你的信息**。为何潜在客户想要从销售人员身上“榨取信息”？因为他们知道你能帮助他们提高生产力、降低成本以及节省费用。你为市场带来了有价值的东西，如果他们知道了这种东西，他们就能够提升自己的价值。唯一的问题是……他们不想付钱！

潜在客户想知道有关你的产品或服务的所有信息，并且他们想通过洽谈得知你的底线价格，而这一切只是为了打击他们的现有供应商。他们需要知道你的价格，然后他们才能向你的竞争对手说：“有人给出的价格比你能给出的价格更为实惠。”想象一下：在你的社区中，有数以千计的销售人员在努力想要满足潜在客户的这一需求！因此，他们在破坏你的市场。

桑德拉培训小技巧

不要只把价格作为卖点。

大卫·桑德拉认为，为避免陷入价格陷阱，职业销售人员必须学会**把价值而非价格作为卖点**。然而，绝大多数的销售人员仍然不知道如何做到这一点，并且对此毫无兴趣（桑德拉潜水艇是基础，你将在稍后对其有所接触）！在当今这个互联网时代，这一长期存在的销售问题所带来的后果只会越来越严重，因为人们只需拨个电话或者稍微展开网络搜索，即可将你的产品或服务与同类产品或服务进行比较。

——DHM

对于这种现象，有一个术语，那就是免费咨询（unpaid consulting）。销售人员的信息得不到偿付会有什么后果呢？不管是什么后果，肯定不是什么好事。你只需意识到，潜在客户千方百计想把你变成无偿顾问。在销售行业未能取得成功的许多人都做过很多次无偿咨询。

3. **客户不做任何承诺**。在最初的销售讨论阶段，如果潜在客户得不到他们想要的全部信息，就会要求销售人员透露更多信息，提供更多无偿咨询。他们会说，“我需要再考虑一下”，或者“我稍后再联系你”，或者“我很感兴趣，但我要与其他人商量一下”，或者“我们正考虑成立一个专门小组来讨论这项交易的可行性”。客户给出了一点希望，让销售人员觉得买卖有可能做成。这样一来，潜在客户又让销售人员回到了以上第 2 步的窘境。我把客户的这一做法称为“下套”。

当潜在客户认为自己获得了所需的全部信息，或者说得到了他们想要的所有信息，整个过程就结束了。作为销售人员，你可能在想：“太棒了，我又得到一个客户。”而实际上，你极有可能一无所获。

当潜在客户再次需要你时，他们会“下饵”钓你。多数情况下，他们会向你颁发“人道主义公共服务奖”（Humanitarian Public Service Award）。他们通常会给你发送如下信息：“你的建议书非常棒，我们从中获得了很多信息。建议书对我们帮助很大。我们希望能够了解行业的最新动态，毫无疑问你在这一点上帮助了我们。因此，请保持联系。顺便说一句，甜品礼物篮非常不错。谢谢你！”

潜在客户为何要这么做？很简单，这样做管用！

你见过多少次这一招起到了应有效果？两千多年来，潜在客户一直在使用这一技巧，他们想要得到你的专业知识。你付出了所有努力，却一无所获。你被误导了。

4. **客户不接电话或不回信息**。到底是怎么回事？一切都结束了，只是潜在客户没亲口告诉你而已。而因为传统销售培训师曾教你要坚持下去，你就陷在了潜在客户的系统中。当然，其实这个过程已经结束了有一段时间了。只是你不想承认，因为你在这个所谓的“真正机会”上付出了太多的努力和时间，然而它实际上并不是什么机会。

桑德拉销售小技巧

你不会失去你没有的东西。

的确，潜在客户会误导我们这一点对我们来说算不上是什么奇怪的事。但是，许多销售人员还是会上当。事实是我们被客户误导而我们尚不能看出这一点时，我们不能欺骗自己说这是个真诚的客户。举例来说，有一个人跟你短暂交谈过，还给你发过一封电子邮件，现在他回复你说："感谢你的电话，我对此非常感兴趣，我希望能进一步跟你交谈。"然后，在接下来的几个星期内，这个人从未拨过你的电话或与你约定交谈时间，那么你有权在某个时间点发送一封电子邮件并直接询问："您好，我一直未收到您的回音。我们之间的供需关系是否结束了？"然而，我所遇到的许多销售人员都告诉我，他们"不能"发送那样的信息。为什么不能呢？因为他们害怕"丧失机会"。丧失什么机会呢？

——DHM

如果说我在做了一辈子职业销售人员之后有什么心得的话，那就是：面对潜在客户，如果你没有自己的销售系统，那么你就会在无意识的情况下落入潜在客户的系统中去。为什么呢？因为潜在客户非常擅长运用自己的系统，你将会不自觉地走在潜在客户所铺设的道路上。并且在潜在客户的系统中，根本不存在"销售""现金""委员会确认""去银行"之类的字眼。潜在客户的系统中只有：销售人员失败了。

业务不是因遵循潜在客户的系统而获得成功或失败的。业务的成败，早在潜在客户的系统发生作用之前，就已注定。

好消息是：你不必失败。

更好的消息是：如果你的系统比潜在客户的系统更有力，那么多数情况下你能够获胜！业务不是因遵循潜在客户的系统而获得成功或失败的。业务的成败，早在潜在客户的系统发生作用之前，就已注定。

那么现在唯一的问题就是：谁的系统能够胜出？卖家系统还是买家系统？你的系统……还是他们的系统？

桑德拉培训开发了一套比潜在客户系统更为有力的销售系统，现在让我们看看这套系统如何起作用。

第一步：你必须找到客户的痛点。人的购买行为受情绪驱动，但人在做决策时却是明智的。那么，最强烈的情绪是什么？痛。

没有痛点，销售就不好进行，或者说，根本就进行不下去。没有痛点，人们就会依照旧的行事方式一直继续下去，直到保持现状让他们感到痛苦，需要引入一些新的东西来做出改变。在你学会挖掘潜在客户的痛点（我将在第十一章对此进行详细阐述）之前，你在销售时都会继续使用最为糟糕的传统销售原则：平均律！

还记得买家系统的第二步吗？潜在客户想把你当作一个无偿顾问。不要让他们得逞！你的任务是获取信息（“痛点”），而非给予信息。

桑德拉销售小技巧

痛点。

身为职业销售人员，你的最大目标在于**找出客户的现有状况与客户想要实现的状况之间的差异**。这种差异是需要你去发现的，而不是需要你去创造的。你要去发现潜在客户的情绪困扰，而非在潜在客户本不存在任何情绪困扰时去激发他们的情绪困扰。

毕竟，如果这是一个真正的潜在客户，他已经对“现有状况”和“想要实现的状况”之间存在的差异感到担忧、懊恼、不开心、失望等。你的工作不是创造痛点，而是与展示出这种痛苦情绪的人好好谈谈。我们的专长之一是帮助你创造一个定制的“30 秒商业广告”，它可以取代传统的主打特性和优点的“电梯行销”（elevator pitch）。要想做出这样的广告，需要对你进行一对一的辅导。你不仅可以在面对面沟通时使用它，也可以在电子邮件或领英等社交媒体平台上使用它。它有助于你去找出那些存在的你可能去满足其痛点的人，并进一步与之接洽。关于如何得到桑德拉培训师的辅导，更多信息请访问 www. sandlerchina. cn。

——DHM

第二步：你必须把费用问题摆到桌面上来谈。你不仅需要谈论你的产品或服务费用，更重要的是：如果潜在客户对此没有任何反应，你需要向客户直接言明这一问题。谈论费用问题（请参见第十二章），才能确保你得到应得的费用。一旦你找出潜在客户的痛点，且潜在客户在财力上有能力解决这一痛点，你就可以进行第三步了。

第三步：你必须找出潜在客户在决定是否购买产品或服务时所使用的决策流程。潜在客户是否有权单独决策？潜在客户决策时是否要同副手或是配偶商量？潜在客户决策时是不是喜欢三思而后行？最后，潜在客户是否有权做出解决痛点的决策？

一旦你认为你和潜在客户都清楚地了解对方需要付出什么才能继续交易时（请参见第十三章），你就可以继续下一步了。

第四步：你必须给出能够解决客户痛点的解决方案。老一套的人现在会说：“啊哈，现在你开始谈论特性和优点了。”不，现在不谈这个！

你的解决方案展示与市场部门所标榜的特性和优点没太大关系，而是要向潜在客户表明，你的产品或服务能够消除他们的痛点。

与传统观点相反，潜在客户并不愿为特性和优点埋单。他们付钱是想要解决或避免痛点。你所需要做的就是向潜在客户表明（请参见第十四章）：你的产品或服务能够消除他们的痛点。就这么简单。

第五步：你一定要开展后售（post-sell）。你有多少次经历过业务在达成之后又被取消？或许你未曾遭遇过这种情况。但是，当一个销售人员从竞争对手那里抢走业务后，竞争对手通常并不会屈服。你的竞争对手有没有向你发过这样的祝贺信——“干得好，乔治！祝你与新客户一切都好”？

事实是，竞争对手为了拯救业务很可能会不惜一切代价。他会怎么办？他会有意压低价格。一旦你们之间出现竞争，竞争对手可不会乐意接受失败。

没有后售步骤（请参见第十五章），你可能会受到竞争对手的攻击。凭借有力且有效的后售步骤，可以避免你的新客户突然联系你说，“请打电话给我，我们需要谈谈”或者“请暂时等一等，我遇到一个问题”。

若能遵循这一全世界无数职业销售人员正在成功运用的五步系统，你就能在多数情况下跳好与潜在客户之间的销售之舞。

如果你当前的销售过程是遵循潜在客户的系统，并且你现在了解了发生在自己身上的事，你能做些什么呢？你能做的并不太多。现在，先放松一下。但要对自己承诺，这种情况再也不会发生。把这种情况当作学习新式销售的一部分吧。

顺便说一下，如果你重犯旧错，我们对此有一个术语，即懦弱交叉口。面对目标、收入、家庭和未来，你因懦弱而退缩。懦夫是没有自尊的人，他们是销售行业中的小狗，潜在客户看不起他们。并且，他们很少获得成功。他们就像永远不敢抛弃辅助轮，并且在摔倒之后不敢再次踏上自行车的小孩子。我不认为你是他们中的一分子，否则你不会阅读本书。

此刻，你可能想知道：这位桑德拉是谁？更为重要的是：是什么让他如此自信地认为自己熟知职业销售的艺术？

如果你继续阅读，我就会将一切对你娓娓道来，其中包括能助你掌握职业销售艺术的一套系统。

第二章

输掉所有　从头再来

感到害怕时，我会驱使自己去做必要的事情来完成工作。

——大卫 · 桑德拉

第二章　输掉所有　从头再来

那年，我丢掉了本能干上一辈子的工作，当时我 36 岁，正过着“财务富足、舒适安逸的生活”。一切都那么突然。那毕竟是我的家族企业，我在 27 岁时继承了它。在 1967 年 3 月一个周五的下午，我输掉了与业务伙伴之间的委托书争夺战（proxy fight），我失业了。我的银行账户空空如也，留给我的唯有两部公司配车、一艘汽艇、一个乡村俱乐部会员身份、未还完的房贷以及我的家庭。

那是我一生中最可怕的经历。我从未有过没有工资收入的体验。

公司是我父亲创办的，销售各种小吃，如曲奇薄脆饼干、薯片和椒盐脆饼。年轻时，我每逢暑假都会去公司做兼职；但直到 1953 年我从朝鲜战场回国，才开始在公司做全职工作。一开始我是个送货员，开车为小食品杂货店送货。两年后，父亲去世了，我接管了公司。

1960 年，我正快速扩张巴尔的摩与费城之间的业务，我需要资金。我的一个供应商愿意为我提供资金支持，因此我与他缔结了企业伙伴关系。不幸的是，我的合伙人控制了公司具有表决权的股份，他因此有权解雇我，而我的律师没告诉我这一点。这是我输掉公司的开始。6 年来，公司蓬勃发展，我过着从未有过的快乐生活。事实上，我还记得，在 1966 年春天一个阳光灿烂的下午，我身处乡村俱乐部，漫步在一条两侧开满五彩鲜花的小径，轻嗅刚被修剪过的青草的芳香。那时我是个狂热的高尔夫球手，因此没有什么比精心保养的高尔夫球场对我来说更美好的了。我还记得，当时我环顾四周，心想自己是多么的幸运。在我35岁时，我实际上已经退休了，我已挣到了足够多的钱！但我未能预见到将要发生在我身上的事。正如美国著名新闻播音员约翰·查斯勒（John Chancellor）所说："如果你想逗上帝发笑，就把你的计划告诉他。"

我的合伙人不打高尔夫球，他忙于经营自己的制造厂，他也不欣赏我把时间消磨在乡村俱乐部。因此在一个周五的下午，他派人告诉我，我被解雇了。就这样，前一分钟我还拿着非常不错的工资和津贴，下一分钟一切就都没了。

周一早上，有人来到我家，开走了我的公司配车。我没有钱，因此我只能放弃我的乡村俱乐部会员身份并出售我的汽艇。我感到受到了羞辱，更别提那些害怕和气愤了。我更多的是感到气愤，当然这让我想要复仇。我告诉我的前合伙人，他无权得到我的企业。然后我发誓要收拾他，我告诉他，我会让他破产，我甚至预言了他的破产日期。

然后，我做了件愚蠢的事。我花了8个月的时间，将我的企业的大部分夺走并送给了之前的一个竞争对手。我让我自己的企业破产了！这并非什么难事。我加入了竞争对手，把前合伙人的客户一个一个夺走。怎么说呢，他们原本就是我的客户。

我看过一些关于观想力量的东西，因此我在自己卧室放置了一块破产海报板，我每天晚上和每天早上都会对着它说："我要干掉你！"当然，这里是指干掉我的前合伙人。我定好了目标，然后把全部精力投入这一毫无意义、充满情绪化的目标。现在，我们会把它称作梦想板，然而实际上，我的梦想板是负面的，我的目标是搞破坏。顺便说一下，我不建议这么做。

桑德拉培训小技巧

通往成功的道路总是处于施工状态。

确实，许多人的人生原本会有很大不同。拿我自己来举例，假设大卫·桑德拉未能跨越他最初的梦想板，并找到更好的理想目标，结果会怎样呢？我们服务客户时，有一种方式就是帮助他们修正和更新他们为自己和组织制定的目标，使这些目标具有挑战性但又切实可行，彼此不相悖离，且符合组织价值观。我们发现，与我们共事的许多新人并未将自己的目标以书面形式记录下来，但这是至关重要的一步，因为本书作者的亲身经验表明，对于书面形式的目标，如果它们对你起不到帮助作用，你就应该三思了。

——DHM

就在我之前所预言的破产日，我让前合伙人的企业关门了。我甚至买回了我之前的办公桌。但我毕竟耗费了那么多的时间和精力。前合伙人做得最棒的事就是把我解雇了。

要不是被解雇，我从来不会考虑寻找新的工作机会。巴尔的摩当地报纸的一则分类广告让我走向了销售这个职业。在我重新夺回我的公司之前，我的业余时间可以做做这个。或者至少说，我当时是这么想的。结果证明，我再也没离开销售这一职业。事实上，在最初几年在销售行业的不断摸索之后，我开发了自己的销售培训课程，并创立了桑德拉培训。如今，全美国有数以万计的企业和职业销售人员都在使用桑德拉培训体系这一注册商标（Sandler Selling System®），同时还有二百多家经我们公司认证的特许培训商。除销售之外，没有其他什么行业能让我有机会影响如此多的个人和企业。而这一切均是拜我那看不惯我的前合伙人所赐，他看不惯我在经营一家企业的同时还拥有足够多的时间打高尔夫球。

当然，在我刚被解雇时，我并不能如此清楚地看清这些事情。如果你也曾丢过工作，那么你就会懂我的意思。不过，我是个乐观的人，我相信一扇门关闭时，另一扇门会在某个地方开启。但在丢失工作后，一切都那么混乱，尤其是当你看不到另一扇门在哪里时，有谁能够想清楚呢？当你情绪低落且两手空空并且还得想着如何养家以及如何向朋友和邻居解释时，要想做到相信一切不仅没问题而且还会变得更好，需要有相当坚强的信念。

我花了好一段时间才把一切想清楚，尤其是那时候我正被报复之心冲昏头脑。我一心想着我的年收入要能达到之前的 30 000 美元（这在 1967 年可是一笔大数目），津贴另算。那时为竞争对手工作，我只能挣到 12 500 美元。没有了配备有美国电话电报公司（AT & T）首批车载电话的别克里维埃拉汽车，我如今只能开着 1966 年款没有空调的大众车。如果说人生能变得更好，我觉得那肯定不会是在小吃行业。

一家出售励志材料（包括音频和练习册）的经销商在《巴尔的摩太阳报》（*Baltimore Sun*）上发布了一则招聘广告，这吸引了我的注意力。于是我前去应聘，因为我需要一份夜班工作来补贴家用。我之前从未卖过“励志”材料之类的东西。在小吃行业，销售行为不多。如果你对你的老客户展现出关爱，他们就会永远是你的客户。销售励志材料对我来说完全是陌生的，但我认为我可以从头学起。此外，这位经销商会对我进行培训，据说能助我获得成功。在前 3 个星期，我每天晚上坐在这位经销商的地下室里，观看视频和阅读材料，学习传统销售原则。

我学习了如何做销售展示，怎么说以及何时说。我学习了如何使用各种销售和成交技巧，还学习了何时表现出为难、何时停顿以及何时停止说话。培训很枯燥，但我那时明白地知道，如果有人给我一套有用的销售体系，我就应该使用它！

我狂热地学习培训材料。我对拿破仑·希尔（Napoleon Hill）和厄尔·南丁格尔（Earl Nightingale）的录音材料非常着迷。有生以来第一次，我学习了如何制定目标。我每天下午 5 点在经销商的地下办公室签到，学习到晚上 10 点或 11 点才离开。我甚至在回到家时还在听录音材料。我制定的第一个目标是：完全消化培训材料并逐字逐句地记住方案展示，直到我可以毫无瑕疵地重述。那时，我认为这就是销售的全部，并且我下决心要掌握这一体系。我不再是一个满心想要创新的孩子了。

最终，3 个星期的培训结束之后，我出去做销售的时刻到了。这意味着，我必须打电话向亲戚朋友以及愿意听我诉说的任何陌生人推销。一个理想的推销电话包括 4 个部分：进行方案展示、促成销售成交、处理疑义和反对意见以及拿到订单，所有这 4 个部分要在一次会话中完成。我销售的套装产品除了励志材料之外，还包括一个便携录音机和若干电池，共售 400 美元。

我每个夜晚和周末都去拜访愿意倾听我介绍产品的人，我承诺我的产品能让他变成更好的人。我的收入只有 12 500 美元，而我却想拿到 30 000 美元，因此金钱成了我的动力。不过，同样在短短的时间内，我发现这一行业太疯狂了，我讨厌它！

在食品行业，如果有客户让你运送一拖车的无花果酱馅饼，那么他会先向你付款，然后你给他发货。但是，在传统销售行业，你首先要向客户做方案展示，然后客户告诉你：“周一来吧，到时我会给你 400 美元的支票。”然而，到周一时，你就找不到他了。或者说，他不想见你。

我过去和现在都不能理解这样的行业。我的时间可不值得耗费在这种行业上。这位经销商所雇用的其他销售人员当时一定也是这么想的，因为他们都已经辞职了。他们就那么消失了，但我没有，这并不是因为我不想，而是因为我没办法，我没有选择，我需要钱。每次当我想到销售太难了，对人要求太高了，我都会强迫自己继续尝试，因为我需要钱。

对我来说，有关传统销售的一切都是痛苦的。我讨厌每次都要重新从方案展示环节开始。我不喜欢传统销售所带来的压力，反过来我会把压力施加给客户，但即使这样做我仍然不知道结果。我能否达成这次销售？我能否获得佣金？我讨厌在没有热情时假装热情。最糟糕的是，我讨厌一直不停地讲话。

尽管我满腹地不情愿，但我每月仅靠兼职还是能成功地做成3～4单销售业务。这意味着，我那时每年能额外获得10 000～12 500美元的收入。

在这一过程，我学到很多有关传统销售的东西，但同时我也更多地了解了我自己。我发现我不喜欢聊天，我不知道如何聊天。我做了13年的独生子，因此我不是外向性格，也不擅长表达。对我来说，与人沟通既不轻松又不舒服，我不擅长社交。而对有些人来说，这意味着我不会在销售方面获得成功。

桑德拉销售小技巧

即使性格内向的人也可以成为伟大的销售人员。

如大卫·桑德拉的人生故事所证明，再加上数万毕业生的经历所表明，性格内向的人能够，也确实打破了我们的传统认知。即使是讨厌聊天，不爱交际，尤其不喜欢与陌生人交流的人，也可以成为顶级销售人员。如果有人对你说，只有具有“侃侃而谈天赋”且喜欢面见陌生人的人才能在销售上取得成功，请让那人打电话联系我们。

——DHM

此外，我不知道说什么。谈钱时我会感到不舒服，因为我的家里从不谈钱。我不喜欢进行夸张的表演，我不知道如何引导他人决策，因为我从未那样做过。在这种情况下，你可以想象，我很难一直保持积极向上的精神状态。我被吓到了！我没有钱，并且我的未来看起来并不光明。

我强迫自己继续从事销售，完全是因为我害怕支付不起账单，我的内心一直在抗争。有一次，在我现在看来难以想象，我驱车经过一家餐厅设备批发商的陈列室并暗自思忖："这家企业看起来可以成为我的一个优等客户。"然而，我非但没有停车，还加大油门继续向前驶去！过了6个街区之后，我才反应过来，于是我掉转了车头。我问我自己："我为何会径直驱车而过呢？"

当然，答案很明显。我不想再次感受上门推销带来的痛苦。我不想感受压力。最重要的是，我不想被再次拒绝。但那天我掉转了车头，我回头拜访了那家企业。像是命运的安排，那家企业的所有者是我的高中同学。这次掉转车头让我挣到了1 500美元的佣金！

我有个习惯：回到车里后，会对销售拜访进行反思。我认为这很有趣，我要与自己做一番斗争，才能掉转车头把钱挣回来。凭这一单销售，我在不到一个小时内挣的钱比我白天工作一个月的工资还要高。我可以习惯这一模式！然而，我差点就错过了那次拜访。突然之间，就像多数时间销售对我来说非常痛苦一样，"有机会"挣到很多佣金的想法足够激励我继续燃起对这一行业的兴趣。

一天，出于我也解释不了的某些原因，我来到了人生的转折点。当时，我坐在车里，在十字路口等绿灯。我记得当时我想：我可以左转再拜访一个客户，也可以右转回到经销商的办公室。我选择了右转。

我来到了人生的转折点。

经销商整天坐在桌子后面收钱。他从不打推销电话，也从未有此想法。那时，我是他唯一的销售人员，他从我的辛苦工作中受益。我开始想："我为何需要他？"我去了他的办公室，对他说："斯坦

(Stan)，我要离开你了。”

他说：“你不能离开啊，你是我唯一的销售人员，你什么产品都能卖出去！我需要你。”

我解释说：“可是，我认为我在你这里没有什么前途。”

我们又谈了半个小时，我能从斯坦的眼中看到恐慌。我是他唯一的谋生来源。没有我，他将不得不关门大吉。最后，我说：“斯坦，这么说吧，我想以 20% 的价格购买你所有的材料和你的经销权。”收购价格为 2 500 美元。斯坦想了一会儿，让我第二天再来。

斯坦一定是仔细算计了整个晚上，然后不得不承认自己一个人根本什么都卖不出去，于是他决定接受我的提议。第二天，也就是星期天，他告诉我：“成交。”就这样，我成了售卖励志题材音频和书籍的经销商。但现在，我需要做出一个更大的决定。

那天晚些时候，我一个人坐在马路边，试图鼓起勇气辞掉我白天的工作。我想起我从厄尔·南丁格尔励志材料中学习到的一则教训。南丁格尔在他的著作《最奇妙的秘密》(*The Strangest Secret*) 中说，一个人可以成为他想成为的任何人，95% 的人都属于仿效者，他们对创造新事物毫无兴趣，他们愿意仿效其他人。对于一个销售励志材料的人来说，这是一个天大的市场。

不过，要实现创新，我将不得不放弃我所拥有的东西。这意味着，我必须放弃 12 500 美元的固定年收入以及那辆“有总比没有好”的大众车。这意味着，我的固定工资收入没有了，我还得自己买辆车，并且我不得不在 36 岁的时候，再次尝试依靠自己取得成功。我不知道我如何才能取得成功，我也不知道如何全职做一项新的工作。我不想放弃我已拥有的安全保障。但是，怎么说呢，为了在销售上取得成功，我必须献身于这一行业。只要能取得成功，一切都是值得的。我思考了一下：如果我每天预约两个客户，我每周可以做成 3 ~ 5 个单子。这样，我的盈利将会比我干两份工作挣的钱还要多！这让我感到兴奋。我不喜欢销售，但我喜欢收钱。并且，我已经证明，我可以做到这一点，尽管我不喜欢这一行业。

最终，我说服了自己。周一早上，我从小吃行业辞职，再也没有回去。如今，我一身轻松地回到了自己的公司，在得克萨斯州总部有一搭没一搭的远程支持下，销售励志题材的材料。

没花多长时间，我就在家里置办了一张办公桌，办公桌就在我卧室旁边的房间中，然后我开始了工作。我找来分类电话簿，开始一个接一个地打电话。根据我之前所接受的传统销售培训，在打推销电话时不能事先挑选，也就是说你要一个一个地毯式地拨打推销电话，让客户知道你！于是，我决定对每一个看起来像潜在客户的人打推销电话。

我很快就发现我是多么厌恶打推销电话。我敢确定，我比任何曾打过推销电话的人都更不情愿。每次我拿起电话就会想要退缩。像多数销售人员一样，我非常需要被认可，然而由于多数推销电话的结果都是被拒绝，因此每次打推销电话之前我就会感到胃不舒服。早上醒来时，如果我知道我今天必须打推销电话，我就会感到恶心。

我如何克服对打推销电话的抗拒感

在我销售职业生涯的早期，我必须要用小计谋去诱惑自己做不情愿做的事。推销电话就是这样的例子之一，以下是我所用的克服自己不情愿感的小计谋。

每次我在拜访一个销售经理时，会提供一个宝贵的免费服务。我说：

> 如果您让我在您下次销售会议的时候前去拜访，我会就如何克服打推销电话时的不情愿感，为您的销售人员提供一些小技巧。我敢肯定，他们会认为物有所值。如果我的表现能打动您，我只希望您给我一次与您谈话的机会，我会告诉您我作为销售培训师可以为您的销售人员做点什么。

十次有九次，销售经理都会接受我的提议。

然后，我会去保险公司或者房地产公司，站在培训室的前面，讲几分钟推销电话带来的不情愿感。我向他们解释，多数销售人员都不喜欢打推销电话。每个人都同意我的看法：在销售职业生涯中，打推销电话是我们必须面对的最不愉快的体验，没有之一。然后，我会话锋一转，对他们说："现在，让我给你们展示一下，打推销电话有多轻松。"

我会让销售团队的其中一个人去找来一本分类电话簿。然后，我说："打开电话簿，随便找一个分类。具体是哪个分类并无所谓。"他们会选丧葬承办人、木料场等。然后，我会走到电话机旁，向他们为我选的不管什么行业的人打推销电话。这是真实的推销电话。他们认为我是在为他们示范，然而我却是在为自己打推销电话！

接下来半个小时左右，我都会在他们面前打推销电话，不断地展示有用的技巧。在打推销电话的间隙，我会为他们做个现场分析，同时渗入我独有的幽默感。通常，在这个过程结束后，我能为自己搞定 2 ~3 个预约！稍后，我会自己去拜访这些客户。

这样做要比我在家打推销电话有着更好的表现。有了观众，我的肾上腺素开始分泌并发挥作用。我说话更加流畅，变得更加自信。我在家中或独自一人坐在办公桌后的时候，可能做不到这些。为我自己好，我至少每周一次强迫自己使用这种小计谋。

当然，同时我也把我的励志产品卖给了这些销售经理，因为他们想不到，会有人来到他们的销售会议，拿起电话，打推销电话，并预约客户。他们的销售人员总是能从我的实践中学到东西，因此他们会立刻看到我的培训的好处。

不过，这种小计谋的真正价值在于：我为自己预约了客户。我把打推销电话变成了一种具有挑战性的有趣做法。当你强迫自己这么做时，不管你想要实现什么目标，不会花太长时间你就会变得很精通。

一天早上，我打了二十来个推销电话，然后我的妻子埃德娜

（Edna）走到我身后，把手放在我的肩上，对我说："你知道你的衬衫湿透了吗？"我没有意识到这一点，但我知道我在打推销电话时会大量出汗。这对我来说是非常痛苦的体验。我不知道我对以下哪种情况更为期望：真的有人接我电话；或者听到电话忙音，这意味着我将不必说话，也不会被拒绝。

与此同时，我感受到了经营企业的压力。我没有工资收入，全靠单打独斗。而且，我不想失败，我很害怕。有一点很好，即在我感到害怕时，我会驱使自己不惜一切代价完成工作。因此，这意味着，我必须得打推销电话。传统销售培训告诉我，我每周都得把自己暴露给足够多的潜在客户。即使如此，打推销电话还是会让我感到心衰力竭！

桑德拉销售小技巧

巧妙利用你的领英联系人。

不管通信技术变得有多先进，职业销售人员都仍然需要去接触陌生人。而我们这里要讲的是：让技术使你更容易接触陌生人。目前，可以帮助你在打推销电话之前热身的有效方式之一就是有效利用领英网络（顺便说一下，如果你还没注册领英，那是你的不对）。举例来说，假定胡安·德尔加多（Juan Delgado）是你的一度联系人（指和你彼此成为好友的人），而你了解到你想要建立联系的安吉拉·奕（Angela Yee）是胡安的一度联系人，你该怎么做呢？你给胡安发一封电子邮件，最好不要用领英私信，因为私信极有可能被忽略掉。你的电子邮件应该这样写："胡安，你好，我碰巧在你的领英主页上看到你与ABC公司的安吉拉是一度联系人。你跟她熟吗？你能向她介绍我吗？"

多数情况下，胡安会对你做如下文之类的回复："当然，我认识安吉拉。我很高兴向她介绍你。”然后，你应如下回复胡安：“胡安，收到你的回信，非常感谢。按照我的经验，对所有人来说，一封电子邮件介绍都能起到很好的效果。我在附件中附了一个模板供你参考。你可以对它随意修改。”你所附的模板应简洁、合理地把你自己描述成安吉拉的潜在资源，还应在其中建议让安吉拉联系你。

通常情况下，胡安会认可这个模板，不加修改地直接发给安吉拉并抄送你。在此之后，你应立即给胡安和安吉拉发送如下电子邮件：“胡安，你好。非常感谢你为我介绍。安吉拉，我真的很期望与你交谈。我这周的周一、周二和周三出差在外，但我周四能回来。到时我会电话联系你。你的电话是多少?”就这样，你就搞定了一个电话预约!

——DHM

“口袋缺钱”的小计谋

一天早上，意识到口袋中只有2美元，于是我故意将车停在了巴尔的摩商业区的一处停车场。

这是一个陷阱，因为我需要5美元才能取回车！当时还没有自动取款机。因此，如果我想要吃个午餐，然后在当天晚上开车回家，我就不得不站在街上打推销电话，直到我收到足够的现金。

这后来成为我在那个阶段的自我激励手段，因为每当我坐下来想要放弃的时候，我就不得不继续。我可能收到钱的唯一方式就是不断地打推销电话。我认为，如果我打了足够多的推销电话，早晚有一天会成功。

那天下午4点时，我口袋空空如也，我把仅有的两美元用在了午餐上。但我正在拜访一家贷款公司。首先，我做了常规的产品介绍。而且，运气爆表！客户喜欢我的产品，他同意购买。我对他说，我明天过来给他送产品。同时，我要求我的新客户预付小额定金。于是他拿过他的支票簿，但我阻止了他。"等一下。别用支票了，您能给我现金吗？"他口袋中有10美元。我说："没问题，就给我10美元好了，您明天再把剩下的给我。"

我才懒得告诉他我为何需要现金，但毫无疑问，我很高兴能拿到现金！

在我看来，任何说自己喜欢打推销电话的人都从未打过多少推销电话。打电话给陌生人，尝试着绕过前台，与不想听你说话的人交谈，激情满满，竭尽全力地介绍你的产品，在你不喜欢的人（在平时社交活动上你通常不愿在他身上耗费超过10分钟）身上付出如此多的努力，我很难想象这一切会让人感到轻松自在。但如果你所销售的产品或服务很难寻找到符合条件的潜在客户，那么你别无他法，只能打推销电话。或者说，我当时是这么想的。之后，我会找到更好的办法！

"3英尺规则"的小计谋

由于我不擅长社交，不喜欢接触陌生人，我想出了这个小计谋，强迫自己与陌生人交谈。我对自己承诺，每当处于公共场合时，如果我与看起来像是我潜在客户的人距离在3英尺①以内，那么我必须上去问："您是做什么的？"每当我要与人接触，不管我是否喜欢，我必须运用3英尺规则（Three-Foot Rule）。

多数时候，这一小计谋并不会让我达成销售业务，但它有助于让我克服与陌生人交谈的不情愿感。并且，结果证明，只要它能有

① 3英尺即约为1米的距离。——编者注

一次起作用，就是值得的。一天，我乘电梯时，电梯门关闭之前进来了一个上了年纪的人。他就在 3 英尺距离之内，于是我问他：“您是做什么的？”

他说他在一家信贷公司工作，在电梯运行时，我向他介绍了我的产品。不知何故，他邀请我晚上去他家。

当晚，我去了他家，他年迈的父母也在，但他们不知道我为何出现在他家。结果表明，他是个美国南北战争爱好者，他给我讲了两个小时南北战争的历史以及他的肯塔基州和西弗吉尼亚州之行。

最后，我开始有机会介绍我的产品，并且达成了交易。他让我第二天把产品送到他在巴尔的摩商业区的办公室，到时他会给我支票。

第二天早上，我去了他的办公室，他西装革履，打着新潮的领带，还用了领带夹。他对我表示欢迎，给了我 400 美元的支票，然后他主动要把我介绍给公司总裁。

接下来发生的事，使我之前运用 3 英尺规则所做出的努力显得完全值得。公司总裁让我为他介绍产品，当我做完介绍后，我赢得了第二张支票。这张支票的数额是 6 000 美元！这是我第一次对同一个客户达成多次销售业务。公司总裁决定为他的所有销售员工购买励志产品。

随后，我在电梯结识的朋友又把我介绍给他的一个客户，这个客户拥有巴尔的摩的一家最大的啤酒厂。这不但为我创造了几千美元的收入，还把我又介绍给了巴尔的摩的一个最知名的汽车经销商。

这位汽车经销商邀请我在巴尔的摩的一个二手车经销商协会——巴尔的摩四十大盗（Baltimore’s Forty Thieves）的聚会上发表演讲。他们在当地的假日酒店相聚，约有 30 个汽车经销商听了我的产品介绍，最终所有人都买了我的产品。这些业务的源头只因为我在电梯里对陌生人问了一句：“您是做什么的？”

尽管在运用这一小计谋时会让人感到尴尬，但我发现一件事：

它绝对比打推销电话好！这一经历让我明白，接触客户的最佳方式是让现有客户为你介绍新客户。换句话说，多花点时间让客户推荐你。

我很快意识到，整天打推销电话并不会帮我挣到很多钱。有时，一天过去，我的努力也没有得到任何回报。如果说有的话，可能会有一些预约。于是，我决定改变策略：我打推销电话只打到上午10点，然后我离家去拜访预约好的客户，并且在约见客户的间隙继续打推销电话。我让埃德娜锁住门，下午6点之前不要让我回家。

打推销电话并非我约见客户的唯一方式。为我提供经销权的公司总部偶尔会向我提供一些销售线索，或者说至少他们认为那是销售线索。我的第一个现场产品介绍就是因得克萨斯州总部提供的一个业务线索而发生的。这一特别的业务线索来自特拉华州的一位男士，而特拉华州距我家有两个半小时的车程。我与这位男士通了电话，预约了拜访时间，然后我就打包好录音材料和便携录音机，驱车经切萨皮克湾大桥前往特拉华州。

到达目的地后我发现是一家农舍，就先敲门，一个穿着T恤的男士为我开了门，后面还跟着一条毛发蓬乱的老狗。这位已上年岁的农场主请我进去，然后接下来的45分钟，我为他做了一场有关我的励志材料的介绍，这场介绍可以说非常完美。最后，我准备进入促成交易阶段。在我做产品介绍期间，这位老人一言未发，但他听得很认真，偶尔会捋一下狗的毛发。直到我做完介绍后，他才看着我说："我一分钱都没有。"

我取回车，又花了两个半小时才回到巴尔的摩。在我回家的路上，我自问："一定是什么地方出问题了。"按照我所接受的培训，我要给每个愿意倾听我的人做产品介绍。但我花了一天的时间去追一条业务线索，结果却一无所获。按照我所接受的培训，我要一直说话，而我多数时候也都是这样，却没有得到偿付。按照我所接受的培训，我要以产品的特性和优点为卖点，让潜在客户产生好奇心，然后，我本应达成销售并收钱，我所做的一切也堪称完美，但是，我的时间和才能却未得到任何回报。

就在那天，在驱车回巴尔的摩的路上，我开始开发自己的销售体系。饱尝传统销售之苦后，我即将要放飞自己。在南丁格尔《最奇妙的秘密》录音材料中，他说，任何愿意花 5 年时间学习一个行业的人最后都会有人排着队为他的知识埋单，而这也是我决定要做的。那天，在车里，我决心投身销售行业。在接下来的 5 年时间，或好或坏，我都会一心扎在销售培训行业。我认可南丁格尔的假设，我认为，人们会排队为我的专长付上很大一笔钱。

而且，他们确实这么做了！

现在，在接下来的章节里，我将把我的专长分享给你。

桑德拉销售小技巧

投资领英的销售导航工具。

在我们结束如何寻找潜在客户的话题之前，我想与你们分享更多有关领英的独到见解，更具体地说是里面的销售导航工具（Sales Navigator Tool）。这一付费应用（不要与领英的免费应用相混淆）让你可以利用你同事的领英联系人，从而极大地扩大你的个人交际网络。它还可以根据你设置的标准为你推荐业务线索，跟踪当前机会，及时、准确地为你提供有关你的活跃客户的状态更新，并让你可以凭借优质个人简介创造一个值得信赖的专业品牌。如果这还不够，它还可以与你的客户关系管理工具（CRM Tool）同步。欲知更多信息，请访问以下网址：http：//sales. linkedin. com/blog/the-social-selling-era-starts-now/。

——DHM

第三章

不断探索　形成体系

对于一件事情，如果你的竞争对手也在做，那么你就应该立即停止，去做不一样的事情！

——大卫·桑德拉

我花了很长时间才认识到，传统销售的一切都是错的，根本不起作用。我究竟有何本事敢说出这样的话呢？当时在美国，有几千个成功的销售人员都在使用传统销售技巧。如果这些技巧对我不起作用，那么看上去，问题大概在于我自己吧。

但我却不这么看。我已证明了我可以掌握传统销售技巧。我最初学的是培训师所称的“间隔性重复”（spaced repetition），其间我把同一盘录音带听了一遍又一遍，直到我一字不差地掌握录音稿。我每天对自己说鼓励的话，在卡片上写积极的想法，并且每天重复这些想法。我认为这些练习会对我的人生产生重要影响，并且事实上，我知道即使是在今天，这些方法在某种程度上也会起作用。但这样做是出于什么目的呢？不，问题不在于我或者我的能力。很简单，问题在于，传统销售是有问题的。

如我挣得的佣金所证明，我可以把产品特性和优点作为卖点，激发潜在客户的兴趣和好奇心，并达成销售业务。当然，我可以在不到 1 小时内达成价值 1 500 美元的销售业务，但为此我要被折磨 3 天，然后这一恶性循环还要重复。传统销售让人痛苦，我讨厌传统销售。为了可怜的回报，我付出了太多的努力，我认识的其他销售人员也是如此。传统销售培训师希望我们用多大代价来换取成功呢？坦率地说，要想谋生，有比这简单得多的方法。

在 20 世纪 60 年代末那一决定命运的特拉华州之行后的一个雨天的下午，我坐在一家唐恩都乐（Dunkin' Donuts）店里。我的脚是湿的，我的衣服也是湿的，我对自己说：“这太疯狂了。我一栋楼一栋楼地拜访陌生客户，却得不到结果。如果存在更好的销售方法，那会是什么呢？”

我愿意相信一定存在更好的销售方法，但我却苦苦想不出。很久之后，我学会了如何跨过这一思考过程以及消除情绪焦虑。我只是制定了一条我使用至今的规则：如果其他销售人员那么干，你就应该停止，做不一样的事情！其他事是什么无所谓，就只管去做。

由于我个人在一心寻求如何才能在销售上取得成功，一心寻求找到一个不一样的销售方式，因此我读了所有我能找到的有关销售培训的书，还读了有关人际动力学的书。我不是机器，像其他人一样，我有感觉，有情感，会经历人生高潮和低谷，日子有好有坏。我体内的那个小孩让我突发奇想：我的销售能力可能不是纯机械的，它可能与我的人格特质有关。于是，我读了有关人际动力学的书。

正巧，我对知识的探索与 20 世纪 60 年代末的交互分析（transactional analysis，简称 TA）流派不谋而合。交互分析是一个分析社会交往结构的心理学理论，我认为这一理论能够运用到销售上。该理论是由《人间游戏》（*Games People Play*）一书的作者艾瑞克·伯恩（Eric Berne）创立的，随后在 1969 年由托马斯·哈里斯（Thomas A. Harris）凭著作《我好！你好！》（*I'm OK – You're OK*）发扬光大。

大约在这个时候，我开始问自己如下问题：“我的销售职业生涯结局会如何？”“我之前购买经销权的决定是否正确？”“我为何会离开小吃行业？”“我为何没有很多钱？”“我现在难道不是应该过着‘财物富足、舒适安逸的生活’吗？”“对于这一切，有什么人或什么事可以责怪吗？”

我读的这些书让我相信：我自己应对所有这一切负责。不管发生了什么，都是我自己导致的。一天，我对自己说：“桑德拉，是你自己咎由自取。没人对你做什么。你现在的处境，完全是你自己的原因。”

如果你感到脚疼，极有可能是你踩在自己的脚趾上了。

桑德拉培训小技巧

不管销售人员是否愿意承认，因为销售过程中产生问题而责怪潜在客户、经济大势、你的经理或你的电脑系统，这都是没有任何道理的。销售过程中产生问题，只能是因为你在与潜在客户会谈时有两件事出错了：要么是你说了不该说的话，做了不该做的事；要么是你没说该说的话，没做该做的事。不管是哪种情况，只要稍微反思一下，你就能知道是谁应该负责任。责怪他人，就像是当你自己踩在自己脚趾上时，却举目四顾去寻找是谁让你脚疼。

——DHM

交互分析理论彻底改变了我对自己身为销售人员的认知。我对交互分析理论非常感兴趣，我和妻子埃德娜一起前往交互分析理论的发源地——加利福尼亚州的伯克利，去探寻更多的有关知识。但我发现，那里有的一切都能在家里的书店中找到。我对自己的各种人格身份非常着迷，即交互分析理论所描述的“父母式自我心态”、“成人式自我心态”和“儿童式自我心态”。我想知道这些人格特质会如何扰乱我的生活。同样令我着迷的是，我知道了如何摆脱从童年时就影响我的行为的父母式与儿童式自我心态，从而进入成人式自我心态，希望这能改善我的生活。通过在行为上做出改变，我开始意识到，我可以在一段时间内极大地改变自己的生活。我当时不能完全领会它如何起作用，但我知道，它比使用简单的激励话语就想要发生改变要深奥多了。

我可以很容易接受交互分析理论，即人类生活像剧本一样是结构化的，或者说人生就是要获取某种回报或实现某种目标。人们反复地玩同一款的游戏，只是希望借此获得心理上的回报。交互分析理论告诉我们，受儿童式自我心态的驱使，人们经常会做他们不得不做的事。

对我来说最重要的是，交互分析理论促成了另一理论，即人都需要最低程度的社会满足感，或者说“成功”。我们需要被认可。对于销售行业的任何人来说，被认可的需要带来了巨大的矛盾。你如何在一个充满拒绝的行业中寻求认可呢？曾经一直困扰我无法得到的答案，如今触手可及。

为何销售人员不敢冒险

传统销售培训未就“本体”和“角色”进行区分。传统销售培训的支持者只是简单地教授材料，有时会以非常娱乐化的方式进行教授，但他们却把如何运用这些材料的责任推给了销售人员。

这样的结果是什么呢？销售人员坐在家中，无法摆脱与本体有关的个人缺陷，他无法执行所学到的技巧。他不敢承担任何风险，不能运用他所学到的技巧使他感到更加糟糕，他陷入了失败和被拒绝的恶性循环中。他不断地发现自己做不到他理应能做到的事——例如，不敢离开家去做销售拜访。压力、负罪感、自我怀疑、忧虑和恐惧终将彻底磨灭这位销售人员的积极性。

而桑德拉销售体系则区别对待了本体与角色。如此一来，我们降低了销售人员生活中的风险系数。由于销售人员的自尊不再会因销售被拒而受到伤害，因此他就能不断地承担风险……承担更大、更高的风险，这样才能达成更高的销售业绩。

桑德拉销售体系并不仅仅教授技巧和策略，还会教授人际关系技能。这样一来，我们培训出来的销售人员就能够轻松地运用这些技巧和策略，从而取得成功。

为何已经“10 分”还能继续成长

当我告诉人们他们本体的价值总是 10 分时，他们中有些人会反驳说，这不可能，因为 10 分意味着他们已经没有成长的空间了。他们说：“如果我一出生就是 10 分，而我 11 岁和 25 岁时的价值还是 10 分，那么我在这一期间的成长怎么解释？”

好吧，想象一下你将要在土中种下一颗种子。这颗种子将会长成一株玫瑰。当你种下种子时，种子及其中的一切的价值是多少？我说它 10 分你同意吗？

现在，几周之后，在阳光和适当的水分滋养之下，种子长出了茎并从土里露出了头。这根茎的价值何在呢？难道它的价值不是 10 分吗？如果你说它的价值不到 10 分，那请告诉我它何时损失了价值。当然，它没损失价值！

因此，6 周之后这株玫瑰是多少价值呢？15 周后的价值又是多少呢？它的价值一直是 10 分。因此，对这株玫瑰来说，在它作为种子时是 10 分，它现在依然是 10 分。那么，难道它没有成长吗？

你的本体是 10 分并不意味着你就会停止成长。你一直都在成长。

不过，这并不是说你没有心理垃圾。事实上，每个人都有心理垃圾，是人就有心理垃圾。如果你是唯一有心理垃圾的人，那么你是有问题的。但我们每个人都或多或少有一些心理垃圾，尽管如此，我们的价值仍然一直是 10 分，我们仍然不断成长。

虽然我不是心理学家，但不管作为门外汉还是职业销售人员，交互分析理论对我而言都是有道理的。对于我还是销售新手时期所遭遇的问题，我在交互分析理论中找到了各种解释。在读完《我好！你好！》和《人间游戏》之后不久，我得到了一个运用交互分析理论的机会。我的一个客户——一家大型国有公司的总裁打电话对我说："桑德拉，我喜欢你的培训材料，现在我需要你的帮助。在我们公司，副总裁下属有 20 个行政助手，我需要你教他们彼此如何更好地相处。"

之前经常去销售会议上教人们如何克服打推销电话时不情愿感的经历，使我将业务拓展到了销售培训领域。然而，关于如何更好地相处，我对行政助理或对没有兴趣学习如何销售的任何人，却没有什么好讲的。此外，我也没有教人如何更好相处的资质。但我却不能拒绝这个客户。他并不是要求我帮他，而是希望我能帮他。于是，我决定使用交互分析资料开发一套课程。交互分析资料全是在讲如何与人相处的。

我为这些行政助理开办了一场培训会，会上我展示了交互分析的父母、成人和儿童式自我心态理论。我创设了一些情境，其中的一个情境是一个助理的儿童式自我心态与另外一个行政助理的批判型父母式自我心态发生冲突，然后我讲了一些可以人为抵消此类行为影响的游戏。结果证明，持续 4 个小时的培训会内容非常丰富而有趣，我离开时对此次体验也很满意。我不知道它是否能起到作用，但我交付了客户要我做的任务。我对此次培训并无他求。

我希望你能再来我们公司，为我们的二百多位销售人员开办同样的培训会。

一周后，客户给我打电话说："我不知道你对这些员工做了什么，但他们的态度确实有所改变。他们彼此之间相处得比以前要好。你的培训会之后，每个人比之前感觉更好。我希望你能再来我们公司，为我们的二百多位销售人员开办同样的培训会。"

桑德拉培训小技巧

桑德拉的方法能够改变你的生活，碰巧也能改变你的销售业绩。

如那些行政助理的故事所表明，桑德拉的方法确实能够改变整个组织，而不只是销售团队。此外，它还能够改善家庭关系（请参见本书末尾处附录A中的案例研究）。

——DHM

现在，我有些担心，交互分析理论不是我的发明！我使用我所知的有关交互分析的知识开办一次简短的培训会，那没有任何问题，但如果让别人知道，在巴尔的摩有个销售培训师在使用不属于他的交互分析理论谋利，我会被起诉吗？我希望有人能授权我使用交互分析的材料理论，但事实表明，这些材料是公用的，我可以任意使用这些材料。我可以用它开办培训会，没有人会理会。当我在培训会上为销售人员讲解交互分析理论时，我剖析了各种销售业务。我说：“儿童式自我心态想买，成人式自我心态做决策，而父母式自我心态则批准儿童式自我心态去购买成人式自我心态想拥有的东西。”这一开始听起来很神奇。每个人，包括我，都对有关职业销售的人际动力学问题很有兴趣。那时，传统销售培训师不教有关自我认知的任何东西，然而，现在仍有许多培训师尚未意识到这一点！

儿童式自我心态想买，成人式自我心态做决策，而父母式自我心态则批准儿童式自我心态去购买成人式自我心态想拥有的东西。

在我不开培训会时，我仍然继续拨打推销电话拓展业务。不过现在，我开始将我从交互分析理论研究得来的想法付诸实践。在销售过程中，我能够更清楚地认识自我。我开始认识到我体内需要得到认可（所有销售人员都需要的那种认可）的那个感觉不好的小孩。

我发现，当我拜访潜在客户时，最好将那个小孩留在车中。这个儿童式自我心态只有 6 岁大，不敢承担风险。他永远不敢去做推销拜访。他宁愿牺牲自尊，也不愿试一试。他惧怕失败，惧怕触发他的批判型父母式自我心态，如失败则会遭到责骂。

在 3 个自我心态中，唯一不怕承担风险的是成人式自我心态。

在 3 个自我心态中，唯一不怕承担风险的是成人式自我心态。他知道潜在客户说得最多的话就是“不”。他不惧怕试错，不像儿童式自我心态，他不关心他人是否认可。因此，他永远不必伪装。我的成人式自我心态不必在潜在客户面前使用各种伪装，不必在销售业务未能达成时四处找借口。他不必牺牲自尊，他可以直截了当地说话，而不受客户影响。我的成人式自我心态不必扮演威利 · 洛曼（Willie Loman）[①]！

因此，在我拜访潜在客户时，我抛下了儿童式自我心态和批判型父母式自我心态，并带上我的成人式自我心态和呵护型父母式自我心态来支持自己。这两个心态形成一种人际关系模型，允许我可以有时失败，有时成功，但会一直自我感觉良好。即使在今天，传统销售人员也做不到这一点，他们不能自我感觉良好，因为在他们看来，销售是个非赢即输的事。有人总是赢，有人总是输。当他们销售成功，他们就赢；当他们销售失败，他们就输。我很快发现，

---

① 威利 · 洛曼是经典话剧《推销员之死》(*Death of a Salesman*) 中的一个悲剧人物。——译者注

这完全不对。销售可以总是赢。

当我还处在试错阶段时（从 20 世纪 60 年代末到 70 年代初），我还不能完全明白这一切。不过，当我开始开发自己的销售体系时，我已对交互分析理论足够了解了，认识到了职业销售中人际动力学的价值。之前从未有人这么做过。然后，我创建了一个心理模型来区分本体和角色。

你知道你的“角色”与你的“本体”之间的区别吗？成功人士知道

你有没有想过为何有的人出类拔萃，而有的人则不能做好任何事？你极有可能会认识不管做什么都能做到最好的人。我们称他们为“有天赋的人”。他们就是很优秀。

但他们是如何做到的呢？当然，在你认识的人中，更多的是没有天赋的人。他们非但不能每次做到全垒打，而且几乎很少能做到全垒打。这些人之间的区别是什么呢？

更重要的是，如果你不是有天赋的人，那是为什么呢？你的与众不同之处是什么呢？假如可以的话，做点什么才能使你自己变成有天赋的人呢？或者说，做点什么能让自己在多数时候都能做到全垒打呢？

多年前，不考虑教育、实践及培训因素，我发现了一个对人在各个领域表现起决定作用的人际关系规则。它很简单，一旦你学会了，就可以轻松地将它用于改善生活品质。不过，在我向你介绍这条规则之前，我希望你能先完成以下练习。

想象你自己身处一个荒岛。天空一望无垠，风平浪静。你只会在这个岛上待几分钟时间。现在，想象自己不带任何角色地来到这一荒岛。角色包括丈夫、妻子、首席执行官、会计、销售经理、工程师、高尔夫球手、渔夫等。岛上没有这些角色。

现在，使用以下评分表，为没有任何角色的你评分。0 代表最低分，10 代表最高分。你会把自己放在评分表上的什么位置呢？抛弃生活中你所扮演的各种角色，你认为自己的价值是多少？现在去为自己打分。

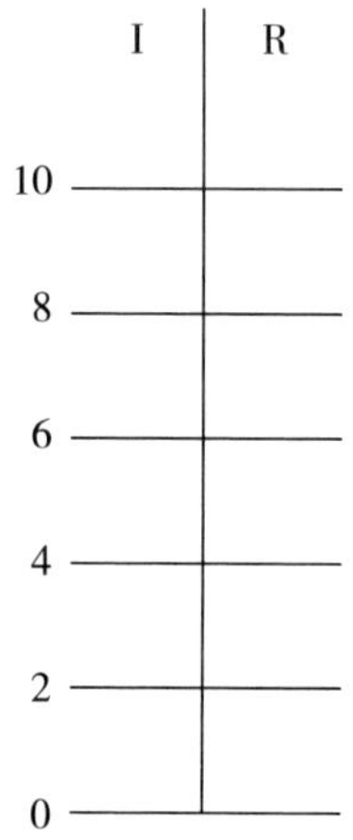

评分表[1]

接下来，花点时间简要描述一下不附带任何角色的自己。

好，现在你已从荒岛归来。你给自己打了多少分？一旦你抛开所有角色，你就只剩下你的自我概念，自我形象，或者说你的本体。如果你为自己打的分低于 10 分，你就错了。你可能认为你不完美，低于 10 分，但相信我，你的本体绝对值 10 分。

你给自己打的分很有可能会低于 10 分。多数人都会这样。在我的培训会上，以及在我同事的培训会上，我们经常从学员那儿听到

① I 指本体，R 指角色。——译者注

这样的言论。

“抛开我的角色，我将毫无价值。”

“怎么会有人是10分呢——人无完人。”

“我的各种角色成就了我的现在。”

“角色与剩余部分是分不开的。”

“如果你拿掉我的角色，我与垃圾没有区别。”

我想我可以向你证明，你的本体价值为10分。在练习中，我将你置于荒岛，是因为你就类似于荒岛，我们每个人都类似于荒岛，我们周围有其他人，但我们生活在自己的世界里。难道你不是独自来到这个世界吗？难道你不是不带任何角色地来到这个世界吗？答案是肯定的。因此，你可以与你的角色分离，不是吗？你当然可以。你是在人生道路上逐渐获得这些角色的。

你的本体，自出生起就不再变化。你的角色过去未曾且将来也不会定义你的本体。或许你觉得它们可以，但事实上它们不行。很难将你的本体与角色区分开来，但你有必要了解它们的区别。

我们中的许多人，自孩童时候起，就被告知是我们的角色决定了我们的人生价值。父母出于最大的善意告诉我们：我们的成功将与我们的人生定位有关。教育很重要，获取大学学位能够成就我们。成长为企业领导很重要，跨越一个又一个障碍很重要，跨越的障碍越大，你就会变得越好。

像我们大多数人一样，极有可能会有人告诉你，让你相信成功取决于外部因素而非内部因素。因此，学习如何自我感觉良好就是在浪费时间。换句话说，社会对你的评价比你自己对自己的评价更为重要。

你是否想起过你父母曾问过你的如下问题？

“你的粥吃完了吗？”

"你与朋友相处得好吗?"

"你考试考得怎么样?"

"你的篮球队筹备得怎么样了?"

"你找到好工作了吗?"

要想对这些问题做出肯定回答，你必须要完成一些事。类似的问题无穷无尽，父母会每天问孩子这些问题。

与此同时，你的父母又说过几次如下的话语。

"我们爱你，是因为你就是你。"

"自恋没什么不好。"

"不要把自己与别人做比较。"

甚至连我们的教育体系也会着重强调成就和角色，而非强调内在成功。你是否曾收到过有关本体成就的成绩报告单？当然没有。这根本没法衡量。想象一下这样的成绩报告单："吉姆的数学学得不好；他阅读方面也有点问题；他的书法还需要提高……但是，不要紧，史密斯先生和夫人，因为你儿子的本体很健康。"遗憾的是，即使是在今天，多数成绩报告单都不会有"但是"之后的内容。

我说这些，不是要责怪父母、老师或任何人。我只是想指出，在我们的成长过程中，其中很大一部分时间都是要我们相信一点：我们要有所成就，才会更有价值。如果我们失败，就会有人说我们没什么价值。他们不会说我们作为角色执行者没有价值，他们会说我们没有价值，就是这样。我们作为人毫无价值。因此，渐渐地，我们错误地把角色的失败当作是本体的失败。从未有人告诉我们这两者之间存在差别。

这两者之间是有差别的！你刚出生时，难道你不把自己本体的价值评为10分？你当然会。你怎么可能不将它评为10分？作为人，你的价值无限大，并且它从不改变。角色的成功或失败，只是对你所获取角色的做事能力的一种衡量。但角色绝不会影响你作为人的价值。

你能接受本体和角色在人生中都是非常重要的因素吗？或许你会说：“当然，那又能怎样？”

好，让我来告诉你。这会对你的整体成功造成很大影响。你只能处于以下 3 种心理学角色之一：赢家（winner）、失败者（nonwinner）或平庸者（at-leaster）。你可以自己决定你是哪一种！

以上述本体评分衡量，胜者通常把自己的评分定在 7 ~ 10 分。不管他们的角色表现如何，赢家自我感觉都很不错。他们的自我印象很健康。事实上，他们把自己视为赢家，他们是有天赋的人。

而失败者对自己的评分通常在 0 ~ 3 分。他们所扮演角色的表现会影响他们的自我感觉。不幸的是，失败者在其多数角色上通常表现很差。

最后，那些平庸者一般把自己评分在 3 ~ 7 分。他们只有在自己所扮演的角色事情进展顺利时才会喜欢自己。在他们所扮演的角色遭遇失败时，他们就不喜欢自己。平庸者不怎么获得胜利，但一般也不会遭遇失败。

因此，对于赢家、失败者和平庸者来说，他们角色的表现只能与他们对自己的看法一致。换句话说：你的角色表现总是与你的本体评分一致。

下面让我们看看它是怎么起作用的。我们拿销售人员艾迪来说。对应评分表，艾迪为自己本体价值的打分为 5 分。多年来，他的自我看法一直受他角色表现的影响。这是因为艾迪一直都在接受这样的教育。所有人都告诉他：他的价值取决于他各种角色的表现。

艾迪是一个标准的平庸者。有一天，他在销售方面交出了非常优秀的答卷。他连续 10 个推销电话都成功了。毫无疑问，艾迪今天作为销售人员角色的表现为 10 分。但这又能怎么样呢？

当晚，艾迪坐在床沿，心里思考着已达成的 10 项交易。尽管从交易中获得了不少钱，但他对自己的本体价值依旧很漠然——记住，他对自己本体价值的打分为 5——他对自己说："我还不错，但我没有那么优秀。"

第二天，艾迪找到了一个调整他的角色表现的方法。由于他在心理上不认为自己值得这些胜利，因此他本能地开始尽可能地回到他的"舒适区"。一个个体的舒适区通常位于本体评分左右。例如，艾迪对自己的本体评分为 5 分，那么他的舒适区为 4 ~6 分。

请记住，艾迪角色的表现只能与他对自己的看法一致。只有在他的表现与他对自己的看法（即本体价值 5 分）一致时，他才会感到舒服。因此，艾迪总是在有可能的时候尽量冲向舒适区。

我们再来看看艾迪经历最低潮时候的表现。一天，艾迪的 10 个推销电话全部遭遇失败。他的本体价值告诉他，他没这么差。他当晚告诉自己："我不是最好的，但我也没那么差。"因此，他潜意识地努力将自己调整回自己的舒适区，而至少有那么一个片刻，他的角色表现提高了。

现在，艾迪怎么才能变成一个赢家呢？他需要做些什么呢？传统销售培训会告诉你，这需要艾迪加倍努力才能做到更好的角色表现。他必须学习更好的销售技巧和策略。他需要去参加培训会，阅读培训书籍，参与研讨会，听培训录音，获得动力！艾迪极有可能会告诉我们，他一生一直都在这么做，但情况并没有发生太大改变。事实是，如果使用传统销售方法，情况永远不会发生多少变化。不管艾迪怎么致力于提高他的角色表现，他的表现永远都会处于均值左右。只要他本体评分仍然为 5 分，他就只能是一个平庸者。

成功的人都知道，本体与角色是有差别的。

不幸的是，传统销售培训课程仅集中于提升角色因素。只要这些课程考虑不到本体因素，它们就不能提升学员的销售技巧，而且不能从整体上改善他们的人生品质。而不能同时解决本体和角色因素的培训，就不会有持续的改进。

或许现在你明白了，为何用角色表现来衡量你作为人的价值毫无意义。例如，销售职业上的成功，只能衡量你作为销售人员的价值。销售上的失败，尽管会让你感到不高兴甚至痛苦，但不应影响你作为人的价值。

成功的人都知道，本体与角色是有差别的。

如果你正确看待本体与角色的关系，并同时提高这两个方面，你的整体人生品质就可以得到提升。以下是一个对你有所帮助的心理游戏。

假设你又回到了荒岛。这次，岛上有个城堡，而这个城堡代表你的本体，旁边是一条护城河，河里有很多鳄鱼。护城河上有一个吊桥，可以带你通往真实世界，真实世界中有很多居民。真实世界代表你的角色。

你在每天早上醒来从事日常工作之前，都独自一个人住在岛上的城堡中。没有人可以进入你的城堡，因为吊桥升起来了。在一天之初你经过吊桥进入角色世界之前，你的本体价值为 10 分。一旦你抵达角色世界，你开始与那里的居民进行交互。你的有些交互是无害甚至有益的，不过，有些交互充满冲突，甚至会导致角色失败。

你在角色世界待得越久，你感受到的压力就会越大。一旦压力造成伤害，你必须回到本体世界。你必须经吊桥回到城堡，并升起吊桥以防角色世界的居民进入。在城堡中，你可以更清楚地观察角色世界。

荒岛是你的安全地带。未经许可，没有人可以进入你的本体世界，没人可以对你造成影响或者伤害你。你拥有绝对控制权。你的本体价值仍旧为 10 分，它本就应为 10 分。

桑德拉培训小技巧

本体/角色理论。

我们发现，让人快速了解大卫·桑德拉的本体/角色理论的一个有效方式是：把销售视为游戏。如果你在玩游戏，有着明确的规则，那么你通常是安全的。因此，这一游戏的规则是你去接触你不认识的人。这不带个人色彩。你甚至都不认识的人如何会对你进行个人攻击（如挂掉你的电话）？他们完全是陌生人！当你甚至都不认识的人决定挂你的电话，或当他们说了你不喜欢的话，你就可以把这部分当作一场游戏，当作一场表演。优秀的销售人员与演员非常相似。他们有时会装傻，因为这不影响他们的目的；他们有时假装在与某些事情做斗争，而实际上并没有；他们有时假装感兴趣，知道这只是个游戏。他们知道，客户挂掉的不是作为人的他们的电话，客户挂掉的是他们所扮演的角色的电话，挂掉的是他们玩的游戏。

——DHM

本体/角色理论解释了将本体与角色分开的重要性。这是我第一次尝试说明：成功的销售培训课程必须将技巧培训和恰当的行为与对人性动机的理解结合起来。当你将三者结合起来，再加上其他因素，这一组合叫作强化训练。要想在销售上取得成功而又无须遭受常伴传统销售左右的情绪焦虑和羞辱，这是唯一的方式。

了解人际动力学的人可以将自己的本体和角色区分开来。白天做销售工作时，他们可以整天打推销电话，然后回家，并且整个晚上都不去想有关销售的东西。在销售行业很难找到这样的人，因为销售人员需要得到认可，而接受传统销售培训的销售人员只能从销售业务中获取认可。为了得到一个人的肯定，他们愿意被否定 100 次。为了得到一张支票，他们愿意受人摆布。而当他们得到一次肯定，他们就开始上瘾。他们会不惜一切代价再去得到更多肯定，这是一个陷阱，他们无法跳出这个陷阱，除非他们改变看法，认为被否定或遭遇失败也没啥问题。问题是，没有人去教销售人员如何接受失败。

学会接受失败很重要

失败很正常，它是人生体验的一部分。学会如何接受失败很重要，因为想要有所成就的唯一方式就是承担失败的风险。

为何承担失败的风险如此困难？我认为，这是因为我们不了解失败，我们看不到失败也有积极的一面。对我们来说，在所有一切都是为了追求成功时，很难让我们突然开始说："我等不及要再次失败了。"不过，失败很正常，失败是有益的。同时，成功的职业销售人员从来不会让失败挡住他们通往成功的道路。

就像学习其他事物一样，我们也可以学习失败。我们可以学习接受失败，从而在承担失败风险时不用那么困难。以下是桑德拉所总结的走出失败的 5 个步骤，让你可以看到它好的一面。

1. **怀疑**。当你失败时，你会不由自主地否认失败。你不敢相信，或者说你只是不想失败。在刚刚遭遇失败时进行重大决策总是会犯错，但不幸的是，许多人都会这么做。他们在一件事上遭遇失败时，会后退一步对自己说："我不敢相信失败会发生在我身上。"然后，他们放弃并改行。当你遭遇失败时，你应该明白，怀疑是第一个要去踏过的障碍。不要后退，去接受失败，相信这一切都是真的。

2. **恐惧**。当人们遭遇失败时，会感到害怕。"我计划好要实现这一目标，但我没有做到，现在我不敢相信这发生在了我身上。"不幸的是，害怕这一情感会让人失去动力。他们被吓到，不知道该做什么。这也就是为何他们经常做出错误决策的原因。相反，要乐于去面对恐惧，把恐惧想象成一个老朋友，化恐惧为动力，让自己再次满血复活。

3. **愤怒**。一旦恐惧入侵，许多人会认为，他们的世界即将崩塌。这是他们愤怒时的想法。有时他们会去做一些非常愚蠢的事，如将高尔夫球杆砸向窗户，冲墙壁打上一拳，辞掉工作，或者伤害自己或亲人。事情本不必如此糟糕。要接受愤怒。可以发一下怒！但之后必须冷静下来。

4. **接受**。认识到你只是失败了而已。这很正常，每个人都会遭遇失败，失败并非世界末日。接受失败，并准备重新来过。

5. **绝望**。一旦人们接受了失败，他们通常会感到沮丧。当你开始感到绝望时，那很好！失败的过程已经结束。但即使是在此刻，仍然不要急于做出重大决策。相反，在这一安静的绝望时刻，你应该尽力去从这次失败中吸取教训。失败确实可以促使好的事情发生。当你失败时，你可以开始更好地了解自己，这会让你更加客观。现在是重新评估优先事项的好时刻。或许你将会以全新的态度从失败中走出。

关于失败，最好的一点是它可以强化你的“勇气”系统。在桑德拉培训中心，我们经常说：“没有勇气，就没有收获。”遭遇失败时，你有两个选择：你可以跑到一边黯然伤神，也可以从头再来。或许，当你遭遇失败的次数足够多时，你的勇气系统将会开始期望失败。

最成功的人，都知道如何接受失败！

我得出这些结论并非是在一夜之间，也不是靠我一人之力。在我还是学徒时，我受到过一些帮助。在我买了经销权之后，我像前任老板一样，在当地报纸的求职版块张贴了招聘销售代表的广告。这是一个不断招聘并培训销售人员的循环，最终结果很容易想象。所招募的销售人员会待上一两周，甚至几个月，但他们终将会辞职离去。即使是在我的总部，人事变更率也几乎高达100%。当然，总部是通过先从经销商手中收预付金然后销售励志材料来赚钱的。有那么一段时间，它是个赚钱机器，但逐渐变得非常可悲。

一天下午，马里兰大学的一个教授在看了我的招聘广告之后来拜访我。他说他刚从康涅狄格州搬来，正在寻找兼职来贴补教职工资。他对我说："我认为我可以踏足商界，但我不知道怎么做，你能教我吗？"

我向他解释说，他不符合我的招人标准，但在我与他的对话期间，我发现我们都对交互分析感兴趣。巧合的是，他是一个心理学家，交互分析理论的基础非常扎实，因此我要请他帮助我建立一套销售培训课程。我说："我正在做的事，即拜访一家又一家企业，不是你想做的。（很明显，我当时自己都不想做）但由于你是交互分析方面的专家，我希望能够每周向你付费咨询两个小时。你来我的办公室，我会问你一些问题，让我们看看会不会创造出什么成果。"

他接受了我的邀请，如此进行了一年时间。我会问他如下问题。

> "为何销售人员不喜欢打电话？"
> "销售人员不愿打推销电话背后的原因是什么？"
> "自我印象会对销售能力造成什么影响？"
> "销售人员总是必须为达成销售而牺牲自尊吗？"
> "销售人员会使用什么策略？"
> "潜在客户会使用什么策略？"

这位教授非常有创意、有思想，他给了我莫大的帮助。我一直苦苦探寻的答案终于在与他的对话中变得清晰。

我们对谈话录了音，找人对录音内容进行誊写，并对誊写出的文本进行编辑修改。最后得到了 12 盘录音磁带和我题名的《自我意识动力学》（*Dynamics of Self-Awareness*）练习簿。我通过经销权推出了这一产品。它是一个自我治疗课程，主要是针对销售人员，而且它能迅速提高销售人员的销售业绩。《自我意识动力学》刚好赶上时代趋势，许多公司正要求员工去培训会学习自我意识，并且销售人员非常喜欢这一理论。但这一课程并不仅仅针对销售人员，任何感到有压力的人都可以听这些录音磁带，做完练习簿中的练习之后就会感觉好一些，不管他从事何种职业。

到这时，即 1972 年，我知道我正在创造一些具有革命性的东西。这些技巧对我有用，我不再讨厌销售，我不再因每天醒来时想到必须要寻找潜在客户就感到恶心。当我拿起电话给陌生人拨电话时，我不再出汗。我喜欢我的工作，而我的银行账户也反映了我的成绩。短短几年间，我的年收入从 5 万美元逐渐增长至 500 万美元。不过，出于某些原因，我仍然觉得我有些地方没考虑到。

你像故事中的蜘蛛吗

有没听过乌龟与蜘蛛的故事？

一只乌龟正在一条小河的一侧休息，旁边有一只蜘蛛。蜘蛛对乌龟说：“你是不是要很快到河对岸去？”

乌龟说：“是的，我极有可能会游到对岸去。”

因此蜘蛛说：“我能跟你一起吗？我不会游泳。”

乌龟看了看蜘蛛，然后说：“你疯了吗？如果我把你驼到背上在河中游泳，你就会咬我，而你要是咬我，我就会死掉。”

蜘蛛回应说：“这太荒唐了，你想想，我们在河半道，我在你背上，如果我咬你，你死了，我会怎么样呢？”

乌龟想了想说:“你跟我一起死掉。”他停顿了一下继续说，“好吧，上来。”

乌龟和蜘蛛一起到达河半道时，坏事发生了。蜘蛛迅速咬了乌龟的脖子，然后它们开始一起往水下沉。

乌龟抬头望了望蜘蛛，问道：“为什么呢？”

蜘蛛说：“这是我的本性。”

人跟蜘蛛很像。我们会做对我们来说自然而然的事。如果我们把自己的本体评分为 5 分，那么我们的本体价值就是 5 分。即使是在我们角色表现为 10 分的日子里，我们的本性会促使我们回归普通。人们会尽力把自己调整回自认为对他们来说正常的状态，这是他们的本性。

桑德拉培训小技巧

90% 的成功归结于态度。

大卫·桑德拉留给我们的遗产在很大程度上并不在于销售技巧，尽管他教给我们的技巧是高超的。他留给我们的遗产也并不在于行为，尽管日常行为可以助人走向非凡的成功。我认为他留给销售人员以及所有人的最重要的遗产在于要求我们转变态度，跳出自己的舒适区。他的遗产在于运用了“90% 的成功归结于态度”的原则，帮助人们走出平庸。

——DHM

在我买得经销权的第一年，我和埃德娜一起参加了在西弗吉尼亚州格林布尔酒店（Greenbriar Hotel）举行的全国经销商大会。全美国各地的经销商齐聚格林布尔酒店，我非常渴望同他们中尽可能多的人交谈，他们是销售行业的精英。我曾经听他们的录音磁带听了几个月，我觉得他们肯定有我想知道的答案。大会期间的一天晚上，总部举办了颁奖宴会，有 50 家经销商因销售成绩卓越而获得奖杯。我什么都没得到。我对埃德娜说：“这种情况不会再发生。我来参加大会不是为了看别人拿奖，我一定有什么地方做错了。”

因此，在接下来的几年间，一旦我有时间从销售中抽出身来，我和埃德娜就会去全国各地拜访这些神奇的人。可是，我却一次又一次地失望而归。他们都在苦苦挣扎。我去过很多地方，从达拉斯市到丹佛市，从华盛顿到弗吉尼亚州，我采访了这些地方中愿意与我谈话的每一个经销商。他们中的多数人很缺业务，对于他们来说，没有什么是可持续的。在成功的一年之后，紧随的极有可能是失败的一年，但他们假装一直成功，正如培训师教给他们的。他们是经销商中的优秀者，但他们中的多数人很可怜。

很明显，某些地方出错了，但我做经销商一直做到1974年。在这期间，除了第一年的经销商大会，我在其他年份的大会上都获了奖。我还创造了许多销售纪录，运用的正是我独创的销售技巧。

尽管我使用《自我意识动力学》中的原则获得了巨大成功，但这一材料并非万能良药。事实上，多数人学了该材料之后并没有起作用。购买该材料的人在一开始认为这是他们曾听说过的最好的材料。我可以把该材料卖到600美元的单价，但这也就是事情的全部。那些听了这一材料的购买者深有感触，但他们却没有付诸实施。怎么会这样呢？我的材料解锁了通往销售成功的密码，而人们却未使用它，尽管他们知道那是对的！

最后，出于绝望，我对一些购买者说："你好，我每隔一个周四都会在假日酒店开课讲授《自我意识动力学》，过来跟其他人一起学啊。"接下来，每个周四晚上都会有250个人前来学习。我采用交叉教学方法：在第一个周四的晚上，我使用传统销售技巧讲授我的励志材料（那时，我还没发现更好的技巧）；下一个周四的晚上，我讲授与人际动力学有关的本体/角色理论及其他材料。就这样，突然之间，人们开始使用我的材料。他们在每隔一个周四的晚上都会去酒店分享他们的成功和失败，听我的课程。事实证明，这些周四的晚上成了我的职业销售培训课程的第三要素。这在现在看起来非常简单，这些周四晚上的会议成了我的材料购买者的"治疗会"。不是那种实际意义上的受训心理学家所能给的治疗，而是辅导会。如果说有什么使这些材料购买者从无动于衷到销售表现变好并参与辅导会，那就是那些周四的晚上！而我只是出于绝望，想要让我的材料购买者使用我的材料而已。

桑德拉培训小技巧

在强化中找寻力量。

在职业体育领域，当你在竞技比赛方面达到巅峰时，你是会练习更多还是练习更少？当然，你会练习更多。对于真正的超级明星来说，在那个时刻，他们的承诺、关注点及团队定位只会变得更高。对于最优秀的销售人员和最优秀的领导者来说，也是如此。你必须练习，你必须演练，你必须锁定新的目标。自大卫·桑德拉40年前创办公司以来，我们的公司理念就一直是“强化、强化、再强化”。它现在依然是我们的理念。我们明白，只有不断学习加上持续的强化培训，才是实现持续改变的唯一方法。就是这样。

当然，人们希望立即看到变化。他们希望立即看到积极、持续的变化。但我们的经验告诉我们，只有当你拥有一个持续的强化课程来进行持续学习，发生在你身上的变化才会实现可持续。理想情况是，强化实时发生在社会情境中，而且是与你尊敬的同辈一起。移动设备和线上关系是很好的补充，但最有效的强化发生在这种面对面的环境中。提到这种通过持续强化来实现不断成长的成功职业销售人员和销售领导者，大卫·桑德拉可以说是我们销售行业的真正先驱。我们公司能在当今培训市场占据支配地位，至少应部分归功于桑德拉对持续成长这一点的强调。

——DHM

辅导是强化培训的秘密武器。听录音材料是没有问题的，但只有在某些情况下，录音材料才能对你有所帮助。如果你自我感觉良好，那你听了录音材料之后就会采取积极行动。但如果你刚丢掉一个单子，又会怎么样呢？你在心理上会乐于学习录音材料吗？不！你应该分析你什么地方做错了并尽快纠正错误，而不是干等消极心态慢慢逝去再去积极应对。而这也就是为何销售人员需要教练的原因。在周四的晚上，我成了听课者的教练，而他们又彼此互为教练，同时也是我的教练。

同时，我的公司在急速发展！我自己的销售员工（在过去流失率非常之高）也来参加周四晚上的会议，而且他们的销售表现迅速得到改善。过去他们偶尔才能达成销售业务，而现在他们每天都能卖出课程，并且他们为周四的课堂招募了更多学员。他们中的有些人开始自己开班。随着每个课堂的开办，再加上磁带和辅导以及学员彼此的分享——我们如今称之为“强化训练”，使得各个行业的人都有可能在销售上取得成功。

我成了听课者的教练，而他们又彼此互为教练，同时也是我的教练。

你也可以在销售领域取得成功。在接下来的章节，我会向你展示桑德拉强化训练课程的各个步骤，向你证明你也可以在销售行业取得成功。

第四章

训练自己　获得成功

要想在销售这一职业达到巅峰，你必须练习、练习、再练习。找到有效的体系，并学习这一体系。花费足够多的时间学习这一体系，很快你就能将它变为己有。然后，即使面对压力，你也会取得成功。

——大卫·桑德拉

第四章　训练自己　获得成功

跟其他优秀的职业人员一样，要想成为一个优秀的职业销售人员，必须要接受培训。运动员、医师、大学教授或是消防员，你随便说一个职业，所有身处行业顶端的人为了能保持巅峰状态，每天都要付出代价。他们要付出的代价就是不断训练。这与他们在通往职业成功道路上所遵循的体系不同，但训练是成功的重要部分之一。相对于“软件”而言，训练是“硬件”。训练是一种生活方式。它是一套规则，有的比较抽象，但都是切实可行的。遵循这些规则，你就总是能不断训练，从而充分发挥你所遵循的体系的作用。

这些年来，桑德拉培训已引导数千职业销售人员走向成功。我们记录了那些取得成功且一年又一年保持成功的顶级销售人员如何每天调整自己。他们遵循着以下对每个销售人员来说都很重要的 10 条基本调整规则。

1. **不要越过警戒线**。销售人员每天都要选择。这些选择既可以发生在收入时间（Pay Time），也可以发生在非收入时间（Non-Pay Time）。不过，如果他们花费太多时间在非收入时间一侧，就会产生问题。

收入时间通常是在上午 9 点到下午 5 点，也可以是在白天或晚上你向潜在客户展示产品或服务的其他最佳时间段。在这个时间段，客户乐于接见你，你可以打电话给潜在客户，安排约见以及服务你的客户。

非收入时间也很重要，但这个时间段应用来规划、调整、更多地了解你的产品或服务以及参加会议。非收入时间通常是在下午 5 点之后和早上 9 点之前。

许多销售人员区分不开收入时间和非收入时间，但顶级销售人员总是知道两者的区别。他们知道，花费太多时间在警戒线的错误一侧，几乎总是会导致糟糕的销售表现。顶级销售人员的目标是待在警戒线的正确一侧。

即使你的雇主只愿付你工资而不是佣金，你也可以在心理上让自己基于佣金挣钱。当你这样做时，你就很容易让你自己处于警戒线的正确一侧。

当你在收入时间做一些本应在非收入时间做的事，这会比单单损害你的销售表现更为糟糕。如果你本应做一件事情，而且你知道这一点，但你做了其他事情，会产生两个负面影响：

- 你会有负罪感，因为你违反了自己的规则；
- 你的生产力会比较低，因为你在做错误的事情。

你看出来这会如何带来麻烦了吗？

如果你在收入时间坐在办公室，把时间花在做规划、阅读交易档案、召开会议，以及将潜在客户名片从桌子左侧移到右侧上，或者驱车穿过城镇，你可以说你正在工作，但你要知道你是处于警戒线的错误一侧。

拿工资的销售人员比拿佣金的销售人员更容易违反这一训练规则。拿工资的销售人员可能感受不到只有佣金的工作所带来的那种紧迫感。对于拿工资的销售人员来说，他们只需一周又一周地收取不变的工资，因此时间管理对他们来说不太重要。不过，如果你拿固定工资，并且把大量时间花费在警戒线的错误一侧，那么你与死人的区别只是在于你有心跳而已。

对于顶级销售人员来说，工资只是另一种形式的佣金。事实上，对于销售职业，根本就没有工资这档子事。如果你现在拿工资，我建议你马上停止，让你自己开始基于佣金挣钱。即使你的雇主只愿付你工资而不是佣金，你也可以在心理上让自己基于佣金挣钱。当你这样做时，你就很容易让你自己处于警戒线的正确一侧。

另一个技巧是设定目标，也可以助你高效运用收入时间。我讲的不是年度目标和五年规划，它们有它们的重要性，我这里讲的是每日目标。顶级销售人员每天之初都会制定目标："今天，我要实现以下目标。"他们要么把目标记在纸上，要么记在心里。我建议你通过记日志的方式（请参见规则 8），来实现高效时间管理。

很容易就能辨识出哪些销售人员违反了警戒线规则。他们通常表现得歇斯底里，不但不能保持自己的节奏，反而会出现工作延误。每个月底，他们都会手忙脚乱，或者突然决定连续 3 天一刻不停地拨打推销电话。这种歇斯底里的行为非常低效，它会让人惊慌失措。而这一切，都是因为销售人员不能始终如一地把时间花在警戒线的正确一侧。

如果你想到达销售职业的顶峰，那么请始终如一。待在警戒线的正确一侧，让你的收入时间富有成效。

2. **破釜沉舟**。如果你想在销售职业上达到顶级，请把全部时间投入其中。那个放弃 12 500 美元年薪工作的周一早上是我人生中的一个转折点。打破常规不易，但如果我没放弃那份工作，我也不可能抵达销售职业的顶峰。

当你选择销售作为你的职业时，就要全身心地对待你自己、你的家人、你的产品或服务以及你的潜在客户。你明白，要想在销售上取得成功并不容易。你不会期望潜在客户自动找上门来，并在每次方案展示之后给出肯定回复。但一旦你从事销售职业，请破釜沉舟，逼迫自己取得成功。在销售中找到快乐，而不是单纯以销售为生。如果你抱着"如果我在销售这一职业上不能取得成功，我还可以回到原来的职业去"的态度从事销售，那么你就已经未战先败了。

顶级销售人员不会为自己留后路！

不要拿潜在客户当练习对象

早些时候，我曾说过我是个狂热的高尔夫球手，我最喜欢的活动之一便是周一的职业业余球手配对锦标赛。每逢周一，我所在的乡村俱乐部的职业高尔夫球手会邀请 3 名业余球手，与他一起参加和其他俱乐部之间的高尔夫球锦标赛。职业球手和业余球手组队，然后与其他队伍比赛，我非常喜欢这种活动。

我非常想在高尔夫球方面有所成就，因此如果开球时间为早上 9 点，那么我会带着一袋子练习球在早上 7 点就赶到球场。我会在练习场练习每根球杆，为接下来的锦标赛做准备。

在一天早上马上就要到开球时间的时候，我所在俱乐部的职业球手阔兹（Cos）来到了练习场。那时我刚练习完，出了一身汗，正在休息。我看到阔兹在地上放了 3 个球，先用 9 号铁打了一杆，然后用 5 号铁打了一杆，最后用 3 号木打了一杆，然后他准备离去。

我说：“阔兹，这是一场很重要的锦标赛。你必须练习、做准备、热身。”阔兹转过头对我说：“桑德拉，如果你本来没有实力，那么你在这里练习是没用的。”

这番话说得真好！会见潜在客户时可不是练习销售技巧的好时机。

3. 心理上和情绪上要坚强。职业销售非常残酷。很多时候，潜在客户的状态要比拜访他们的销售人员还要好，因此他们可以在电话或随机会面期间摧毁一个销售人员。就每天来看，即使对于较为优秀的销售人员来说，所听到的“不”也要多过任何其他词。你能想象出比销售这一职业更需要得到认可的职业吗？

销售时，可能出现四种情况：得到客户的“是”；得到客户的“不”；得到客户的“不”但从中学到教训；或者客户说“我再考虑考虑”。

“不”这个词与销售行业相伴相生。失败也是如此。不幸的是，传统销售培训师从来不会说失败没什么大不了，也不会告诉你在听到“不”时应该学会放弃。但顶级销售人员对失败有更深刻的理解，他们会从失败中学习。如果他们得不到“是”，他们愿意听到“不”，他们想要避免客户含糊其辞，而这需要他们心理上和情绪上足够坚强。

销售时，可能出现四种情况：得到客户的“是”；得到客户的“不”；得到客户的“不”但从中学到教训；或者客户说“我再考虑考虑”。

客户的“是”会让你感觉良好，激励你去寻找下一个客户。

客户的“不”不会让你感觉良好，但至少你了解了真相。

客户的“不”加上经验教训也不太糟糕。你了解了真相，并且当你结束电话或回到车中时，你或许能够将负面结果转化为经验教训。

你希望避免客户答复“我再考虑考虑”，因为在销售过程中没有比这个答复更糟糕的情况了。这种答复意味着什么呢？你回到车中进行自我分析时，你会怎么想呢？“此次销售拜访发生了什么？实际情况的真相是什么？如果我再多坚持一下，我能够达成交易吗？我有做错什么吗？”

可悲的是，多数销售人员在听到客户答复“我再考虑考虑”时会感到满意，这给了他们虚假的安全感。毕竟，销售经理会炒掉在一条街上有 84 个潜在客户的销售人员吗？不过，如果这些潜在客户不能最终转化为客户，销售经理还是会炒掉他。

因此，要确保获得客户的明确答复，“是”或“不”。

可悲的是，多数销售人员在听到客户答复“我再考虑考虑”时会感到满意。

4. 保持自尊。如果你想成为一个顶级销售人员，你必须自我感觉良好。当你对自身以及自身的能力感觉良好时，你的工作会更加高效。

每个人都想在心理上感觉良好，但有的人却要凭借攻击他人来获取良好感觉。自我形象比较糟糕的人不会有良好的自我感觉，因此他们会经常攻击任何展现出良好自我价值感的人。而在这一点上，销售人员很容易成为攻击对象。

来听一个习以为常的故事。销售人员出门去拜访潜在客户，他停好车，紧了紧领带，套上西服外套，然后走过 3 层步梯到达潜在客户办公室。当他走到办公室门口时，被一扇有孔的玻璃门挡住了。玻璃门后面有个年老的妇人，拿着最低工资，主要工作是接电话、拆信件以及“问候”来客。我们的销售人员看起来光彩照人，而我们的接待员看起来疲惫不堪。

销售人员从他价值 500 美元的古驰公文包里拿出他的压花名片和价值 250 美元的高仕笔，对接待员说：“早上好，我想拜访总经理。”

接待员头都没抬，回复道：“有预约吗？”

在这一瞬间，我们的销售人员感到十分恼火。他完了，他当然没有预约，但现在他的自尊也被夺走了。

为何一个接待员或随便其他人会这么做呢？公平地说，接待员并非要冒犯来客。她只是在做本职工作，在做一项粗鄙的工作。多数时候，她对自己的工作都不满意。她家里关系处得不好，她挣钱不多，老板也对她不好。有些时候，能让她感觉良好的唯一方式就是从他人身上偷取自尊。接待员找回良好感觉的方式之一就是：眼看着像我们的销售人员这样的人光彩照人地走进来，而又心力交瘁地蹒跚离去。当他离去，她会对自己说：“看吧，我的境况或许不怎么好，但与那个销售人员一比，我还不算差！”

那么作为销售人员，在这种情况下该如何应对呢？不要把这种问候视为人身攻击。如果你把它视为人身攻击，你的自我感觉就会很糟糕。如果你犯了大家都喜欢犯的错误，自尊受到伤害，那你的一天就完了。你将会立即身处警戒线的非收入时间一侧。

要保护自己。建立一个良好的自我形象。（现在是回头复习第三章中本体/角色理论的好时刻。）他人怎么说、怎么做或如何评价你，并不重要。你如何评价自己，才是最重要的。

5. 加入互助小组。我们生活在一个以本体为中心的世界。当你拜访潜在客户时，他们并不考虑你的感受。他们考虑的是自己。而你也是这样，不是吗？我们都关心对自己最重要的事。

由于职业销售人员要不断地拜访其他以本体为中心的人，因此对于他们来说找到一个支援团是非常重要的。如果你想成为顶级销售人员，就要去寻找其他顶级销售人员或准顶级销售人员，并花时间与他们相处。只需注意，不要把时间浪费在警戒线的错误一侧！

我之前为了让用户使用我的产品而为他们提供辅导会，给他们创建了一个互助环境。我们在帮助他们的过程中，也提高了自己的销售能力。这也是为何桑德拉每周在美国乃至全世界各大城市举办销售实战俱乐部的原因。这些活动对顶级销售人员的不断自我训练是至关重要的，它们为销售人员提供了成功道路上不可或缺的强化训练。

6. 明白何时运用产品知识。不知出于什么原因（我想大概是因为他们所接受的传统培训），销售人员总是认为：在任何情况下，他们都必须将所知道的产品知识全部告诉客户。相反，他们应该练习如何保持沉默。

练习如何保持沉默。

许多销售人员认为，他们能够通过向潜在客户展示他们对产品或服务的深入了解，为客户留下深刻印象。不知何故，这样做似乎能让他们更有信心。对你来说，尽可能多地掌握产品或服务知识很重要，但对你的客户来说，却并非总是如此。或者至少说，在销售的初期阶段，这一点行不通。

来看个例子。一对夫妇进入一家家具店，并找到一个销售人员。这位销售人员对店里的一切都非常自豪，他也很乐意带这对夫妇去看一个精美的箱子。妻子说箱子放在家里的餐厅会很完美，丈夫也展示了购买意愿。销售人员开始在心里盘算他的佣金。他很兴奋！他说：“关于这一精美的箱子，还有一个优点。所有抽屉用的都是滚珠轴承。”然后，他向这对夫妇展示了使用滚珠轴承开合抽屉是如何自如。霎时间，妻子的脸上出现了奇怪的表情。她看了看丈夫说：“我两岁时误吞了一颗滚珠轴承，差点噎死。”她对箱子没有兴趣了。销售人员说：“这箱子还有其他优点呢，我给你看……”但这对夫妇已经走了。关于产品知识，就说这么多吧。

一条很好的经验法则就是：卖出去再教。关于这条法则，本书稍后会进行深刻剖析。

桑德拉培训小技巧

今天销售，明天教导。

近年来，对于那些销售信息和通信技术相关解决方案的人来说，这一原则尤其重要。信息和通信技术相关的工具变化太快，而且不乏颠覆性产品，因此如果我们为潜在客户开展有关产品特性和优点的讲座，就会让我们比竞争对手丢失很多市场优势。产品特性和优点不会让你了解客户的痛点。从事开发或营销的人基于产品规格表工作，或者会编写产品宣传册，但这并不意味着产品规格表就是与潜在客户谈论内容的首选。

——DHM

7. **了解竞争对手**。许多销售人员过度关心产品知识，并且在这方面在潜在客户面前表现良好，但他们却忘记了竞争对手。顶级销售人员则会花时间去听竞争对手的研讨会，去阅读竞争对手的产品宣传册，去了解竞争对手的优缺点。

有一天，我去拜访了巴尔的摩的一家特灵空调加盟商。与加盟商老板交谈时，我发现他已在一个著名销售培训师身上花了大量的钱，并且他喜欢那位培训师的课程。他对我说："我刚花了几千美元购买他的课程，因此尽管你可能也有一些好的材料，但我不会在你身上花任何钱。"

了解到我出售的是强化训练而他购买的是传统销售培训，我说："你觉得你所购买的课程的强化训练部分如何？"

他看着我说："什么强化训练？"

我说："你看起来很聪明，我认为你所购买的培训一定会有相关的后续服务，以确保培训会起作用。"

他说，没有提供后续服务，并且他根本没想到这档子事。

我继续说："你愿意花500美元来确保你所购买的课程起到作用吗？我会每周来一趟，用你所购买的材料向你的员工展示强化训练的力量。我只是想让你同意一点：如果在我使用你的材料之后，仍然认为我的材料更为有效，那么你可以允许你的员工选择使用我的材料。"

他同意了。一个月后他就成了我的新客户！那时，美国共有75家特灵空调加盟商。碰巧的是，巴尔的摩的这家加盟商领导着特灵公司的培训委员会。一天，他邀请我去为特灵公司的董事会做一个产品介绍。最后，我承担了特灵公司威斯康星州总部及其全美各地加盟商的全部培训业务。尽管最初只收了500美元，但在接下来的时间里，我从特灵公司挣到了几十万美元。而这一切，都是因为我了解我的产品与竞争对手产品之间的差别。

由于我开发了自己的销售体系，竞争对手的知识成了一个重要的组成部分。

8. 记日志。不幸的是，多数销售人员只会制定新年决心书之类的目标。每年 1 月 1 日，他们做出一个涵盖 365 天的承诺。而到 1 月 2 日时，他们就已忘记了自己曾经的承诺。

顶级销售人员会每天制定目标。他们知道，他们在职业方面有两个选择：要么成为自己计划的一部分，要么成为他人计划的一部分。制定目标能够帮助他们掌控每一天。

我在身为销售实习生的时候，就开始记日志。我建议每个人都这么做。我把它称为态度/行为（A/B）日志（请参见以下示例），让我们看看日志如何发挥作用：

在日志的左侧，记录你的今日本体目标。选择一个目标会帮助

日期：____ **态度/行为日志**	
我今天的“本体”目标是： ____ ____ ____	自我述评（一天结束时）： ____ ____ ____
我今天的“角色”目标是： ____ ____ ____	自我述评（一天结束时）： ____ ____ ____
面对面拜访潜在客户数：____ 实际潜在客户数：____ 达成交易数：____ 业务线索数：____ 其他：____ ____ 售出：____ ____	**态度评估** 本体（0 ~ 10 分）：____ 原因：____ 角色：（0 ~ 10 分）：____ 原因：____

你增强自尊（此时或许你希望回头查看第三章的本体/角色理论）。

同样是在日志的左侧，记下你的今日角色目标。例如，你今天打算打多少个推销电话？或者，你将见多少个潜在客户？

在一天结束时，评价并记录每个目标的实现情况。

在日志的左下角，有一个项目清单需要你每日进行记录。并非所有项目都与销售过程有关，但每天回顾工作进度很重要。

例如，“面对面拜访客户数”是指你出现在潜在客户面前运用你的销售体系与其面对面交谈的次数。记录面对面拜访客户数，是因为他们中的许多人会成为真正的潜在客户。一个“实际潜在客户”是指尚未说“不”但符合说“是”的条件的潜在客户。有些实际潜在客户会与你达成销售业务。如果你的日志中有5、10或20个实际潜在客户，那么你接下来极有可能会达成销售交易。

桑德拉培训小技巧

面对面拜访客户数。

在数字化时代，也可以使用Skype（一款即时通讯软件）或类似的视频会议工具与潜在客户进行交流。尽管你们不在同一房间，但彼此可以看到，因此也算作“面对面”拜访。这意味着你的目标市场是全球性的！

——DHM

当我最初认识到本体与角色之间的差异时，我就开始记日志，日志的实际作用在于回顾目标实现情况。我曾打推销电话给永明人寿保险公司，那一天我还打了十来个推销电话，但未达成任何销售业务。不过，永明人寿属于实际潜在客户。因此，在日志中，我把本体打为10分，把角色打为2分，因为除了一个实际潜在客户，其他推销电话完全没什么意义。

两周后，我去拜访永明人寿，就这样这个实际潜在客户转化成了 3 万美元的订单。那天，我为自己的本体和角色均打了 10 分。后来，在我对工作进展进行历史回顾时，我认识到，之前那天我以为自己什么都没做成并且为自己的角色打了 2 分是不对的，实际上我做成了销售业务，我只是两周后才收回了钱。这样的回顾让我认识到，如果你做了工作并且行为正确，你的本体和角色价值就都是 10 分。如果你做了工作，那么它终将转化为金钱！

最近有人问我："是什么让你达到了如今的成就？"我说："痛苦。"但当我今天谈论销售以及回顾我从销售这一职业中所收获的奖励时，我有时会摇摇头说："这很简单，很容易！"不过，我知道，这样说是不对的。这在如今看来似乎是小菜一碟，但在当时我经历了很多痛苦。强迫自己每天去做实现销售成功所需要的琐碎日常工作，绝非易事。不过，由于我做了该做的事，我的成功也远超任何人的期望。奖励如此丰厚，如此令人享受，以至于今日我几乎不记得当初所遭受的痛苦。我当初能够强迫自己做繁杂的日常工作从而获得成功，在很大程度上应该归功于对 A/B 日志的使用。

9. **你必须建立有效的客户开发系统**。如果你已从事销售超过 6 个月，而你现在还在打推销电话，那你就是误入歧途了，你不会成为顶级销售人员。或许传统培训师会为你打推销电话感到骄傲，但顶级销售人员会告诉你，你是在浪费时间，想成为顶级销售人员有更好的方法。

你知道 80/20 规则，对吧？在销售方面，你 80% 的业务来自 20% 的客户。同样的，这一规则也适用于客户开发。去图书馆查看《爱默生随笔集》，寻找其中的补偿法则。该法则很简单，只有一句话："付出越多，收获越多。"如果你每天把时间花在寻找考虑你产品或服务的人，你工作虽然很努力，但并不聪明。

顶级销售人员会花 80% 的时间服务于他们的老客户，而仅把 20% 的时间花在客户开发上。只有当你理解了爱默生的补偿法则之后，你才能轻易做到这一点。我是在听保险业销售人员甘道尔夫（Gandolfo）的录音材料时，学到了爱默生的补偿法则的。该录音材料是我当时的精品产品之一。甘道尔夫解释说，当他把80%的时间用在开发客户，而把20%的时间用在服务老客户时，他的工作表现就很普通。然后，他发现了补偿法则。甘道尔夫想知道，如果他反转工作习惯，会出现什么后果。如果他把80%的时间用在服务老客户，而仅把20%的时间用在开发客户，结果会怎样？一旦他做出改变并把大部分时间花在老客户身上，他发现他的客户开始替他做销售了！

顶级销售人员会花80%的时间服务于他们的老客户，而仅把20%的时间花在客户开发上。

当我停止把大部分时间用在销售产品上，并开始通过为老客户提供强化训练，把多数时间花在服务客户上时，结果也同样如此。我不满足于仅销售励志材料，我希望人们使用这些材料并从中受益。但有人说我赠送自己的时间是愚蠢的，我不同意，我相信爱默生。我相信“付出越多，收获越多”的法则，而事实也确实如此。我多达80%的业务来自受益于我的培训和辅导的人的转介绍。

顶级销售人员让他们的客户为他们开发客户。

10. 你必须用销售系统来销售。我在第一章讲过，如果你自己不运用销售系统，那么你每次都会落入潜在客户系统的圈套。潜在客户总会使用一套系统，而潜在客户的系统永远不会对销售人员有利。要赢得销售之舞，成为顶级销售人员，你必须使用自己的销售系统。

尽管我在接下来的第五章会向你讲述我自己的销售系统，但我要强调的是，使用什么系统并不重要，只要它能让你成为顶级销售人员。不过，只有既强调自尊（正确行为或适当行为）又强调技巧的销售系统，才会起作用。

如你现在所知，我曾学习过传统销售，而我又不得不开发自己的销售体系，因为传统销售过时了。潜在客户知道所有的传统销售技巧，知道如何应对它们。我曾学过的传统技巧之一是针对周五下午的销售技巧。当周五下午你与潜在客户会见时，在你想达成销售时，你可以说："下周一价格会上涨。"

哇！在学了这个技巧后，我非常期待到周五下午去实践一下。我认为这个技巧很棒，那周我把尽可能多的预约安排在了周五下午。最终，周五下午到来了，我去见了第一个潜在客户。我先做了产品展示，然后说："实际上，你不必非在今天购买，但它到周一价格会上涨。"而潜在客户未经思索就说："这是'逼迫交易达成'技巧（impending event close）。"他笑了。我很尴尬，他竟然知道这个技巧的名字！他知道得比我多！这让我在当天接下来的时间里斗志全无。

多年前，本·霍根（Ben Hogan）在一次美国高尔夫球公开赛中落后领跑者一杆，他需要在第 18 洞打出低于标准杆的一击，才能取胜。即使对于职业球员来说，要想把高尔夫球从 192 米之外打到果岭，也是一件艰难的事。球场边有 5 000 名观众都在等着观看他的下一杆，霍根必须把球打到与旗杆尽可能近的地方，从而他才可以打出低于标准杆的一击并获胜。但这几乎是不可能的。

霍根走到他的高尔夫球袋处，拿出他著名的 1 号铁，在球上方比划了一下。然后，观众屏住了呼吸，他挥杆击球，球落在离旗杆十几厘米的地方。最后，他轻轻一击推球入洞，赢得了比赛。对每个观众来说，这似乎难以置信。记者们蜂拥到霍根身边，其中一名记者问："面临如此大的压力，你是怎么做到的？"

霍根平静地回答说："我练习过 15 000 次 1 号铁。我所要做的就是再次挥杆，相信所有的练习都会有回报的。"

对于销售，也是如此。要想成为顶级销售人员，你必须练习、练习、再练习。找到一个有效的销售系统，并学会它。记住，仅靠培训会是不能教会一个孩子骑自行车的。你还需要强化训练，花费足够多的时间去系统掌握，很快你就会拥有它。然后，即使面对压力，你仍会每次取得成功。

请掌握这 10 条训练规则。如果你掌握了，你就能成功地成为顶级销售人员。

第五章

打破常规　达成交易

过去的传统销售经历，总是让我觉得自己赚钱少又辛苦，经常累得筋疲力尽。我要非常辛苦才能达成销售，而就算能达成销售，其所带来的兴奋感以及我挣得的金钱，都不能让我觉得之前的辛苦是值得的。

——大卫·桑德拉

如果你既能从销售中获取最大收益，又能为自己身为销售人员感到自豪，就需要掌控好每一次销售拜访。而传统销售是做不到这一点的。

当然，传统销售人员通常可以在销售谈论期间引导谈话走向，并且他们有时可以让潜在客户做出某些有利的结论，即做出肯定而非否定答复。但是，他们不能每次都很好地掌控销售拜访。他们就算是能够引导客户达成交易，也会将自己和潜在客户都弄得筋疲力尽，并且在销售过程中，他们经常舍弃自尊。最糟糕的是，他们是最后知道销售达成的人！

桑德拉销售小技巧

客户的“是”并不能让你学会如何取胜，客户的“不”才能让你学会如何取胜。

如果你害怕并希望避免从客户口中听到否定答复，请考虑改变关注点。不要害怕听到“不”，去寻觅“不”。

当然，客户的“是”确实能让你更有自信、更有信心，那当然感觉很好。当潜在客户说“是的，我将从你手中购买产品”时，他让你赚到了钱！我们都喜欢这一点。但作为销售人员，我们得到的“不”肯定要比“是”多得多。如果潜在客户不可避免的“不”会让我们丧失动力，我们就需要稍微换个角度审视一下“不”。

> 我曾见过无数面临严峻收入挑战的销售人员只因在心理上转变了对岗位职责的看法，便峰回路转开始如愿挣钱。他们开始寻求“不”，而非“是”。而这一简单的转变改变了他们的职业生涯！
>
> ——DHM

潜在客户总是手握王牌，而销售人员则永远不会知道王牌是“是”还是“不”，抑或何时打出。

如果让你去审查如今市场上的全部销售课程（桑德拉销售体系除外），你会发现，所有课程都是过去 25 ~ 50 年，或更久以来我们已知销售知识的变体。每套课程都有些不一样的东西，但那只是过时销售原则的翻版。几乎每套课程都会重点突出众所周知的夸张表演，里面会有无数的创意点子助你应对客户的疑虑和反对意见，尽管有些点子会彼此矛盾。最终，这些课程会向你展示如何达成销售。有些课程会比其他课程更为有效，这取决于课程的创造者和讲授者。实际上，没有任何一套课程是糟糕的，它们只是全都过时了。

这些课程有时确实能让你达成销售，但你总是要付出过多的努力。销售过程本身制造了很大的压力和焦虑，让你很少能够品尝达成销售的喜悦。在销售过程中，你不断诱使潜在客户给出“是”。一天结束时，不管你是否曾达成销售，你在情绪上已经筋疲力尽。并且你通常不会为自己、销售过程以及你的职业感到自豪。因此，你早晚会自动放弃，抑或被炒鱿鱼。又或者，如果你没那么幸运，你将要继续尝试做这种你不可能完成的事。

用这种方式销售，有谁能自我感觉良好呢？反正我不会！过去的传统销售经历，总是让我觉得自己赚钱又少又辛苦，经常累得筋疲力尽。我要非常辛苦才能达成销售，而就算能达成销售，其所带来的兴奋感以及我挣得的金钱，都不能让我觉得之前的辛苦是值得的。因此，我从来都不想再次经历那样的销售过程。像多数传统销售人员一样，我在多数早上还未出门时就已经垂头丧气了。

在我被解雇并打算大干一场的那些清晨，由于下定决心要达成尽可能多的销售任务，我不得不面对传统销售的所有负面影响。每个人都知道那些有年头儿的传统销售技巧。那些技巧被用得太频繁了，只有“刚上路”的潜在客户才不了解。因此，老道的潜在客户很容易就能掌控销售过程，导致销售人员被迫应对。最终，是否能达成销售完全取决于客户，而且，客户总是第一个知道结果的人。

在销售职业生涯的早期，我一遍又一遍不停地对自己说，一定有更好的销售方法。在我开发出自己销售系统之前的一天早上，我坐在车中望着潜在客户的办公室对自己说：“我厌倦了夸张的表演，厌倦了假装热情地为根本买不起一杯咖啡的人做价值百万美元的方案展示。”那天早上，我想得越多，就变得越生气。我自忖：“如果我打破常规，我铁定会达成更多销售。”

那天早上，在车里，我描绘了理想的销售系统。以下是该系统起作用的方式。

> 潜在客户会自己做方案展示。
>
> 他们会提出疑虑和反对意见，然后他们会自己解决这些问题。
>
> 他们会评定自己是否有财力购买。
>
> 他们会达成销售。
>
> 并且最终，他们会感谢我拜访他们！

现在我已经习惯这种销售模式了！之前的压力烟消云散，我会自我感觉良好，我的收入会不断上涨，我的客户会喜欢我。在这种情况下，我能做到在销售中找到快乐，而非单纯以销售为生。你也可以这样！

你可能会说：“听起来不错，但这不可能。”这些年来，我通过不断试错创造了这一理想销售系统。随着你继续阅读本书，你将会逐渐找出这套系统如何对你有效。

桑德拉销售体系集合了众多令人兴奋的新点子，它不是对已知销售知识的翻版。不过，这意味着如果你要学习这套系统，就必须得改变你当前的销售方法。改变从来都不是一件容易的事，但我向你保证，如果你做出了这套系统所要求的改变，等待你的将是两个巨大回报。

首先是无形回报：你将成为一个更有技巧、更专业的销售人员。

其次是有形回报：你将会更频繁地去银行存钱，你将挣得更多的金钱。

现在，如果这两个回报对你都不重要，那么请停止阅读！我帮不了你，这本书对你没有任何价值。

我知道你还在阅读。或许你尚不相信桑德拉体系能够兑现我所承诺的一切，但这两个回报已足以维持你对本书的兴趣。事实上，任何一个回报都远远胜过你在阅读本书剩余部分上所投入的时间。

那么桑德拉销售体系究竟是什么呢？

请看图 5. 1 中的潜水艇。你是否还记得在有关第二次世界大战的电影中，一枚深水炸弹击中了潜水艇船尾？

主角冲到甲板下，召唤船舱里的人逃出，砰地关上厚重的舱门，奋力旋转舵轮，留下充满水的船舱。肯定不能再回那个船舱了，但敌舰还浮在海上。紧张局势在加剧，电影在继续，下一个船舱也开始进水。主角再次去救第二个船舱的人，同样地关上厚重的舱门，奋力旋转舵轮，然后该船舱也充满了水。这一过程一直持续到每个船舱都充满水，而主角则不断地走向安全和成功。

潜水艇的故事是桑德拉销售体系的一个比喻。潜水艇的每个船舱都代表销售过程的一个步骤。当你使用桑德拉体系时，你朝着达成销售的方向，一步一步推进你的潜在客户。你每完成一个船舱的工作就关掉它，这样客户就回不去了。

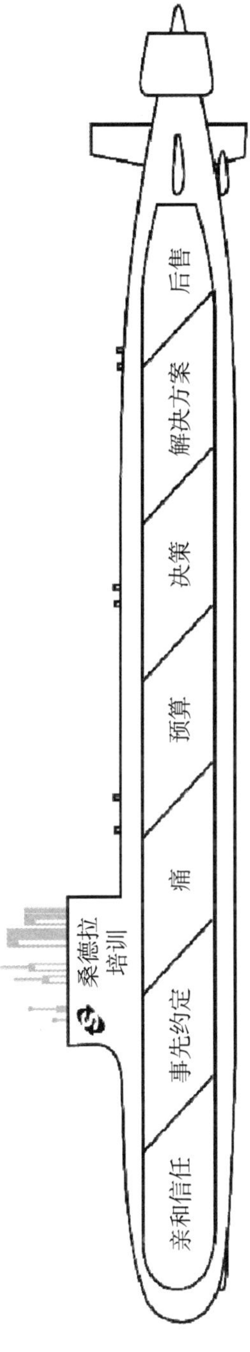

图5.1　桑德拉潜水艇

传统销售系统的问题在于：潜在客户能够自由地从潜水艇的一端跑到另一端，随意进出各个船舱，而销售人员被潜在客户牵着鼻子走。这就是为何你在销售讨论结束后累得要死的原因。如果使用桑德拉销售体系，你就总是可以让一切处于控制之中，每关掉一个船舱，你就离销售成功更近一步。最好的是，只有你自己清楚这一点，你甚至可以在方案展示之前知道销售已达成。有时，你甚至根本不必进行方案展示。

有什么销售系统能比这套系统更轻松、更让人兴奋吗？

让我们来看一下桑德拉潜水艇的各个船舱。

传统销售系统的问题在于：潜在客户能够自由地从潜水艇的一端跑到另一端，随意进出各个船舱，而销售人员被潜在客户牵着鼻子走。

桑德拉培训体系的亲和信任步骤让你明白：如何在两个或两个以上的人之间制造兴趣和尊重。销售时，你想要尽可能快地建立亲和信任关系。第九章将会更多地谈及亲和信任。

做销售，就要做最好的销售

在销售拜访时，不要仅仅为了安全，就要求拜见级别较低的人。下文讲述了桑德拉销售实战俱乐部的一位成员如何在要求拜见一家大型保险公司的总裁之后，快速达成销售的。

“在与前台总机人员交涉时，我要求拜见公司总裁。前台先是领我到了电梯，然后很快我就站在了 53 层总裁办公室的门口。我开始运用销售系统，不久总裁说：‘基于你的问题，你想要拜见的是我们的销售副总裁。’

“我未加停顿地说：‘谢谢，我想您应该不会带我下去介绍我们认识，是吗？［这一规则叫作傻子曲线（Dummy Curve），第六章将会介绍如何使用这一规则。］

“总裁站起来，带我去了销售副总裁的办公室。在我们进屋时，副总裁脸上挂着惊讶的表情。总裁对副总裁说：‘弗雷德，看看这个伙计是否有我们用得着的东西。’然后，总裁离开，剩下我和副总裁单独在办公室。

“在并不清楚我是何人的情况下——是陌生人，还是说总裁的妹夫——这位销售副总裁很快就成为一个热情的潜在客户。我当天早上就达成了销售！”

就算不这样做，这位学员或许也能达成销售，但如果他没有勇气打破常规要求拜见总裁，他极有可能需要付出更多的努力。如果他直接去拜见销售副总裁，而不是由总裁代为引见，当然会困难得多。这位学员在几分钟内把陌生拜访变成了引荐，并且是非常具有影响力的引荐。

一旦你建立了亲和信任，就关掉那个船舱，并推进到事先约定的步骤，这个步骤包括多个船舱：痛点（请参见第十一章）、预算（请参见第十二章）及决策（请参见第十三章）。在这个步骤中，你与潜在客户就销售过程中的环节达成一致，一旦彼此约定好，压力就会消失，因为此时销售已达成。

大体上，你在事先约定步骤会这样对潜在客户说：“如果你有‘痛点’（换句话说就是需求），并且你认可我有能力帮你解决痛点，那么你就会花钱摆脱‘痛点’。另外，你是可以做出购买决策的人。”

这很简单！不过，这个步骤非常耗时。即使潜在客户同意事先约定，也可能会无效。请记住，潜在客户会撒谎！他们一直被告知要对销售人员撒谎。在潜在客户的黄金规则中，误导销售人员是没有错的。因此，你务必在关闭这一船舱向前推进之前，多花一些时间。在第十章，我会对事先约定步骤以及相关技巧做更多解释。

下一船舱：方案展示。现在你需要做的全部就是履行你的事先约定，履行你的承诺，向客户展示你的产品或服务能够消除他们的痛点。你要运用桑德拉销售体系重新审视客户的一些或全部痛点。你要时不时地运用温度计技巧（我将在第十四章讨论这一技巧），以确定客户在多大程度上认识到销售已达成。在这一步骤期间的某些点上，潜在客户开始认识到，他们应该购买你的产品或服务。

在一个不够坦诚的世界过坦诚的生活……你将会走投无路

许多销售人员不能在销售职业上获得成功，是因为他们不能克服自己对操控一词的负面看法。

这些人认为操控违反了他们的价值观，而实际上，操控并非一个肮脏的词儿。《韦氏大词典》对操控的定义为："巧妙地工作或处理"或"巧妙或精明地管理；通常以不公平的方式。"请注意，它并非总是以不公平的方式。操控并不意味着你必须撒谎或欺骗。操控是销售游戏的一部分，并且相信我，潜在客户知道这一点。

社会接受某些职业的操控行为，随便举几个行业，如销售、律师和心理治疗师。你不会要求你的律师遵循"愚蠢忠诚"的原则。如果一个心理治疗师告诉你关于病情的一切，你甚至可能都接受不了。

还有，如果所有潜在客户能够总是很坦诚，那非常好，大家彼此开诚布公。但在真实世界里，潜在客户已学会通过操控来获取相对于销售人员的优势。

"我不想讨论预算。你为何不直接把你的最低价格告诉我呢？"

"你做得不错，但我真的不能承诺你任何事情。你能再降点价格吗?”

“如果你能再等几天，或许我们会考虑的。让我们做出购买决策需要花上很长一段时间。”

潜在客户总是运用这些类型的操控技巧。下次当你对特定操控性销售技巧心中有愧时，请这样想：一旦你发现客户很坦诚，则也要坦诚对待。但情况是，即便你能找到这样的潜在客户，也是少之又少。

最终，你在后售船舱达成销售。为了保护自己，防止买家反悔，你要再次与他重申约定。你要避免在达成销售之后不久收到这位新客户的信息：“请等一等，我这里出了点问题。”后售是你达成销售的进一步保证，我们将在第十五章讨论这一点。

这些步骤包括了潜水艇的所有船舱，构成了桑德拉销售体系的基本理论。我不会对你说这套系统很容易掌握。它是全新的销售体验。它有效的原因之一在于：它能够让潜在客户手忙脚乱！当你运用桑德拉销售体系时，你展示给潜在客户的销售技巧是他们之前从未见过的。因此，你将能掌控整个销售拜访过程，你将会乐在其中。不过，你必须要不断练习这套系统以及我在接下来的章节将要介绍的技巧，让它成为你人格特质的一部分，彻底拥有它。请记住：仅靠培训会是不能教会一个孩子骑自行车的。

第六章

所知伤己　不妨“装傻”

今天销售，明天教导。

——大卫·桑德拉

第六章　所知伤己　不妨“装傻”

像任何其他潜水艇一样，桑德拉潜水艇也受燃料驱动，当然这里的燃料是指技巧。在向你解释桑德拉销售体系的每个步骤之前，我想与你分享几个能够助你从容行进穿过潜水艇各个船舱的技巧。这些技巧由桑德拉培训所开发，要想使用桑德拉销售体系获取成功，非常有必要学习这些技巧，应用这些技巧，并不断练习。当你掌握了这些技巧，你会开始关注接下来的细节，你的销售职业生涯将会充满乐趣。然后，你就能挣到非常多的钱，多得让你想不到！

接下来的三章都是有关技巧的。首先，我们先看看什么是“傻子曲线”。

“为何你不汇总起来做一个方案，向我们解释我们如何能够在公司最好地利用你的产品？”

你之前听潜在客户这么说过，是吧？

或者听过以下说法。

> “我不确定我们现在能做点什么，但是为何你不直接把你的底价告诉我？”
>
> “我喜欢你的方案，但为何我们不能在购买整套之前先来个30天的试用？”
>
> “你能不能以书面形式更多地澄清一下你将如何提供你的服务？”

这些说法都属于我在第一章中解释过的销售之舞。潜在客户的角色是尽可能多地收集信息，协商最低价格，不做任何妥协。

潜在客户每次与销售人员面对面会谈时，都会本能地聚焦到这些事上。多年以来，潜在客户已经在与销售人员打交道的过程中了解到，他们通常能够从一个绝望的销售人员手中得到想要的一切。

“装傻”才能卖得更多

以下是你可以加入到销售话术中的一些“装傻”措辞。

“我忘记了……”

“让我看一下是否能把这一点说清楚……”

“我不明白……”

“请在……方面具体阐述一下”。

“告诉我更多有关……”

“你是指……”

“我不认为……”

以下是关于如何使用“装傻”技巧的建议。

“罗恩，我忘记了你是否说过交付对你很重要。”（这位销售人员知道罗恩曾就交付对他说过什么，由于交付日期有利于销售人员，因此他使用装傻技巧强化自身立场）

“雪伦，在你说你需要更多地了解协议的条款时，我不明白你是指什么。你能具体阐述一下吗?”（这位销售人员在防范客户套他的话。“装傻”技巧能帮助销售人员收集更多信息，让客户不停地说话）

“我们曾谈论过你是否有预算，是吧?”（预算在销售人员与潜在客户第一次会见时就谈过了。现在，销售人员运用装傻技巧来明确具体金额）

你自己还可以设计许多措辞。重要的是要鼓励自己寻找一些用起来感到舒服的“装傻”措辞。现在，开工吧！

为何潜在客户不能坦诚对待销售人员？如我之前所说，这是一个防御性的反应。他们不信任职业销售人员，他们认为销售人员在对他们撒谎，因此他们撒起谎来也就心安理得。不过，客户的目的还不止于此。客户想知道你所知道的。客户知道你的产品或服务能够提升生产力和降低成本，你为市场带来了有价值的东西，潜在客户知道这一点。不过，客户的把戏在于，他们想要在不付钱的情况下让你泄露秘密。

在潜在客户得到你所知的有关产品和服务的一切知识以及你的底价之后，就能够在与他们的当前供应商（包括你的竞争对手）打交道时占尽先机。他们得到你的数字之后，就可以去对你的竞争对手说：“有人给我的条件比你的条件要好，你对此怎么说？”不管你相信与否，世界上有很多愿意满足这些需求的业余销售人员，他们其实是在扰乱市场！

在之前的几章里，我把这种现象叫做免费咨询，而作为职业销售人员，你要避免上当。问题是，传统销售法把你变成了免费顾问。你本想着“再努力一点”就可以拿下销售，但结果却一无所获。因此，你所知道的知识实际上在伤害你，尤其是当你不遵循自己的系统而落入买家系统时。

今天，此刻，作为职业销售人员，我劝你为自己制定一些新目标。先制定这个目标吧：索取信息，不要提供信息。

黑斯廷斯战役发生在何时？

你知道答案吗？你是不是在思考答案？我在销售人员面前问过无数次这个问题，总有人会大声回答：“1066 年！”这些人将这一知识点记了很多年，或许从小学起就一直记着。我总是问：“你上次因这一答案得到报酬是什么时候？”答案始终没变过：“从来没有。”

确实。因此我要求你接下来为自己制定的目标是：今天销售，明天教导。

这一规则很难学习，也很难遵从。作为职业销售人员，你可能喜欢教导客户，毕竟，这是你的工作。但在拿下销售之前教导潜在客户可能不会让你多出一个客户。并且由于你极有可能对你的产品或服务非常了解，更不用说你花了多年时间学到的销售系统，因此当有人提问时，你会立刻给出答案。不要这么做，今天销售，明天教导。

缺乏自信的销售人员甚至更容易免费送出自己的知识储备。

这与你是什么职业无关，如会计、工程师、律师、银行家、医生、顾问等。你曾在你的职业上投入了时间、金钱和精力，你值得为你知道的知识获取酬劳。不过，正常情况下，你会管不住自己，你这样是得不到回报的。因此，你和我之间做个事先约定。我同意，你很难不去教导你的潜在客户；而你也同意，不会对我告诉你的知识存在偏见，以防你抗拒这些新点子。如果你可以接受这一点，让我们继续。

为何销售人员如此快地就把信息免费送出去了？因为销售人员天生喜欢教导。这没错，但更重要的是，他们不想被人看起来很傻。缺乏自信的销售人员甚至更容易免费送出自己的知识储备。潜在客户很容易就把他们变成免费顾问。

事实是，新手销售人员通常比久经沙场的销售人员更成功。新手刚开始显得很傻，之后尽管他们变得越来越聪明，但他们的处境却变得越来越糟糕。想象一下以下全美各地每个销售团队中都会发生的典型场景。

乔是一个新销售人员。他刚来公司时，公司只是派人为他简要介绍了公司的产品和服务。毕竟，站在公司的立场来看，在乔证明自己之前，是不会在他身上花费太多时间的。当乔拜见潜在客户时，由于对产品知识懂得不多，他很不自在，因此他说话很少，多数时候是潜在客户在说话。在乔的这一发展阶段，他是个“傻子”，尽管没人会这么对他说。

乔接到的第一个任务是一长串的“死”客户清单。公司并未告诉他这些客户的状态，但公司中的老销售人员已经给这些人打过电话却一无所获。因此公司将这一清单交给乔，想着他也不会对这些客户造成什么伤害。

作为新销售人员，不知道怎么做会更好，于是乔开始打推销电话。他碰到一些脾气暴躁的潜在客户——“我已经跟你们的人说过了，我对你们的产品不感兴趣”，但这不会影响乔继续打电话。他必须证明自己。最终，他遇到一个过去没需求但现在有需求的客户，对他说：“这些年你们到哪里去了？我需要你们的服务！”

于是乔拿到了这单销售，他很自豪，兴冲冲回到办公室大喊：“我拿到一单销售！”

销售经理吃惊地说：“怎么拿到的？哪个客户？”

乔不知道没人会料到他能拿到销售业务，但这没关系。碰到一个买家，他很激动。每个人都对他表示祝贺，经理接手了这个新客户并将其分派给办公室的老销售人员。同时，他们大声鼓励这个傻傻的新销售人员“去拿下更多销售业务”。

他做到了！乔拿到了一单又一单业务，他取得了一定的成功。然后有一天，乔对自己说：“我现在对产品毫无了解都能如此成功，那么如果我对产品非常了解，我得比现在成功很多吧？”他把这一想法告诉了销售经理，然后公司决定为乔投资。公司为他提供了高强度的培训课程，让他学习有关产品的全部知识。很快，乔认为自己掌握了全部的产品知识，现在他等不及要把这些知识告诉全世界！

很不幸，乔不再是之前的“傻子”。他如今算个业余销售人员，他现在的表现没有之前那么糟糕，但让我们再看一看这之后他的境遇。

不要在潜在客户的画上画海鸥

咱们先来看看公立学校的学生、8 岁小女孩南希的故事。一天，在艺术课上，南希画了一幅画。考虑到南希的年龄及美术发展阶段，她所画的是一幅有关屋舍和夕阳的画，真的非常好。不过，这幅画不够平衡，南希只在画的左侧画了屋舍和夕阳。

持有美术专业硕士学位的美术老师在看完画后对南希说："南希，你画得很好。但你需要在右侧画点什么。"说完之后，这位老师拿起画笔在右上角画了一只海鸥。南希变得非常生气，并开始哭泣。

当天晚上吃饭时，南希还在生气。父亲问她："南希，怎么了？"小女孩回答说："没事。"但她那撅着的小嘴让父亲继续追问这一问题。最终，南希把画给父亲看。父亲很喜欢那幅画并高兴地说："南希，画得很好啊，我很喜欢那只海鸥。"听到这里，南希突然大哭起来，跑回了卧室。

然后，南希的父亲才得知，海鸥就是南希生气的原因。于是他去找美术老师沟通，而美术老师则拿出原因及自己的资质为自己辩解。找老师沟通无果，南希的父亲去找校长说理，然后联系了自己的律师。双方之间展开了多次争论，最后此事甚至闹上了法庭。庭审持续了很长时间，谈了很长时间的表达自由、教育者的角色等论点。

法官专注地听完双方各自的辩词之后，转头问南希为何会对海鸥如此生气。南希回答说："因为我没有在那里看到海鸥。"

案子完结，判决支持南希。

然而，海鸥与销售有何关联呢？

潜在客户甚至早在接见你之前就在心中画了一幅有关需求的画。

你对这幅画所做的每一处更改或添加都可能引起潜在客户的不舒服，甚至会让他们不高兴，就像南希一样。如果真有必要对潜在客户心中的图画进行更改，那么你最好让潜在客户自己“发现”更改的需要。

你或许认为，只有当潜在客户了解你的产品和服务的特性或优点时，这些特性或优点才会帮你达成销售业务，但在潜在客户的图画上画海鸥是不对的。

相反，要装傻。多问一些问题，看潜在客户是否希望“海鸥”出现在他的图画上。如果潜在客户也这么认为，那肯定对你有好处。如果潜在客户不这么认为，也不会对你造成任何损失。

现在回到乔的故事。经常会有潜在客户问乔，你的产品能否“这样那样”。作为一个新手时，乔会说：“天哪，我不知道，让我先问问同事。”但现在，乔知道所有的答案，他会对潜在客户说：“能否这样那样？让我给你细细道来。”并且从这一刻起，他的嘴巴就再也停不下来了。他免费送出了所有知识，而他却未得到任何回报。乔过去帮助潜在客户商定销售业务，但自从他接受培训起，他所做的就只是分享信息。

乔怎么了？显然是因为乔说话太多。当他拜见潜在客户时，70%的时间都是他在说话，过去可不是这样。因此，他的业务达成率急剧下滑，但他不知道哪里出问题了。

问题很简单：乔不再是之前的傻子。他现在是业余销售人员，而作为一个业余销售人员，他对一个重要事实毫不知情。在销售拜访期间，他的工作是收集信息，而不是给予信息。非但不能说话太多，白白分享他的知识，乔还应该“装傻”，并让潜在客户说出他们的需求和愿望。只要乔继续说这么多的话，他的潜在客户就没机会画出有关购买需求的图画。

现在，乔有两条路可选。

第一，他依然是一个业余销售人员，但他极有可能会因业绩不佳而被炒掉。然后他会去找另一份销售工作，但他在新工作上的表现会与现在一样糟糕。如果他的新工作要求不太苛刻，他可能会一直做下去，但他永远不会取得大的成功，他也不会再去探索如何能够在销售方面更进一步。如果他一直这样下去，他可能会放弃销售而从事其他行业。

第二，乔会成长为职业销售人员。怎么才能做到？只需再次故意“变傻”。如果他能这样做，他的潜在客户的发言将会占到70%的时间，而他只需在30%或更少的时间里发言。他将引领客户一步一步走完销售过程，或者说走完第五章中所列举的桑德拉潜水艇的各个船舱，而潜在客户永远不会意识到是怎么回事。他将会取得从未有过的成功。

业余销售人员与职业销售人员之间的区别就在于：业余销售人员有时能做对事，但他不知道该何时做，也不知道原因；而职业销售人员总是能做对事，并且他知道该何时做，也知道原因。

如果你想在销售上变得更加成功，请“装扮成貌似傻子的”职业销售人员。

对三种典型异议的“装傻”回答

潜在客户：你从事该行业多长时间了？

销售人员：这问题很有趣……您问这问题一定有什么原因。

潜在客户：它有保证吗？

销售人员：假设我说有保证，那接下来呢？（停顿）要是我说没保证呢？

潜在客户：这超出了我们的预算。

销售人员：这很常见。私下里说，您希望花多少钱？

潜在客户：（说了一个数额）

销售人员：就这么多吗？

潜在客户：就这么多。

销售人员：这是说解决您的问题没那么重要是吗？

潜在客户：当然重要。

销售人员：您想解决哪部分问题来着？

有史以来最著名的“傻子”肯定是美剧中的神探可伦坡（Lieutenant Columbo）。可伦坡是 20 世纪 70 年代的大众文化偶像，没有姓氏。彼得·福克（Peter Falk）扮演的可伦坡可能是历史上继夏洛克·福尔摩斯之后最负盛名的虚构侦探。为何？可伦坡让“傻子”变成了时尚。

是否还记得他如何在快要走出门的时候又折返回来，仅仅是为了再多问嫌疑犯一个傻傻的问题？又有谁能忘记他的着装风格和行为习惯？他那皱巴巴的风衣，那让他显得有点愚笨的扶额动作，他那类似强迫症的记笔记习惯，他那努力理清每件事的习惯。当然，可伦坡的这一切动作和习惯都是为了放松嫌疑犯的警惕性。因此，嫌疑犯总是能够更为坦率地讲话。毕竟，他们认为坦率讲话也没什么坏处，这个傻傻的督察能从他们的信息中得到什么？但在一系列看似傻傻的问题之后，可伦坡总是能找出有罪的一方。从来没有罪犯能够骗过可伦坡，因此，可伦坡可算作是最成功的“傻子”。

把可伦坡想象成一个销售人员。想象他正坐在潜在客户面前，看他会如何应对潜在客户的问题。

潜在客户：你的竞争对手比你出价更低。

可伦坡：那么，这么说我是拿不到你的业务了，是吗？

潜在客户：近十年来，我没有在你们公司下过一个订单。

可伦坡：那么，我在这儿是干吗呢？

潜在客户：我们何时可以开始谈业务？

可伦坡：不知道啊。我这就打电话给公司，问问有没有同事知道何时是良机。

可伦坡在每个步骤上都装傻，并满是困惑地回复客户。但你估计不敢这么做，没有人想在潜在客户面前显得愚蠢。这看起来似乎有悖常理，不是吗？不要害怕，大胆去做。归根结底，销售不过是在表演。如果认识到掌握“傻子曲线”的技巧需要不断地练习，并尝试运用这一技巧，那么你将很快发现，销售不但可以让你享受其中，还可以挣到更多的钱！

桑德拉销售小技巧

职业销售人员会故意装傻。

大卫·桑德拉教导他的学员永远不要提问，不要发表任何陈述等，除非这样做对他们有最佳利益。他还教导学员，最好的销售讨论是潜在客户说了多数话的讨论。不过，这两条指导原则似乎很难付诸实施，尤其是对于那些习惯于支配谈话以及不断谈论产品知识的销售人员！先从简单的来。在你下次拜见潜在客户之前，先上网做点准备（不用太多），从而你可以问一些有关潜在客户的明智问题，如他的公司、市场情况等。这样做是为了使讨论围绕潜在客户及其需求，而不是围绕你自己和你的公司。

——DHM

第七章

反向提问　助你成功

如果你想摆脱传统销售的陷阱，并超越你以往的最好业绩，请尽可能快地学习反向提问技巧。当你学会这一技巧时，你就会停止讲话，开始销售。

——大卫·桑德拉

人们最不喜欢销售人员的原因之一就是：销售人员讲话太多。这一点没错。我已发现，说得越少，卖出的就越多，这是一条值得信赖的规则。

再说一遍，传统销售培训师已制造了一个问题，他们认为，你可以通过不断讲话来拿下潜在客户的业务。我不同意。受过传统培训的销售人员尽力想要做出对的事情，面对潜在客户时，他们的讲话时间占据了70%，而实际上，他们的讲话时间不应超过30%。问题在于，他们不知道如何让潜在客户讲更多的话。他们不停地说话，因为他们忍受不了沉默。

当你学会桑德拉销售体系时，少讲话就不再是个问题。你可以通过提问，即对潜在客户进行反向提问，来不断地推进销售过程。反向提问是运用上一章中所介绍的“傻子曲线”技巧的最佳方法，是向潜在客户“展示”而非“讲述”信息的一种方式。同时，它还可以帮助销售人员揭示潜在客户的痛点。

受过传统培训的销售人员尽力想要做出对的事情，面对潜在客户时，他们的讲话时间占据了70%，而实际上，他们的讲话时间不应超过30%。

你是否曾注意到，人们很少会一开始就透露他们的真实意图。我们所有人都想要掩饰，尤其是在销售人员面前。这是一种自我保护的方式。我们不说出我们的真实想法，是为了在透露真实意图或做出承诺之前更好地收集信息、“测试对方”，以及“检验领地”。毋庸置疑，你已经如此做了很多次，而现在只是被别人这么对待你而已。

夫妻之间总是在玩这种游戏。看看以下对话你是否很熟悉。

丈夫（想去看电影的一方）：亲爱的，我到家了，有个同事跟我讲，新出的好莱坞大片不错。

妻子（不想看电影的一方）：是的，我听说了有关这部电影的影评，确实很不错。

丈夫（在思考是否今晚去看这部电影，但尚不确定）：嗯，要不最近啥时候去观看这部电影。

妻子：当然，亲爱的，没问题。

丈夫（现在放心了）：今晚怎么样？

妻子：哎呀，我有点累。我今晚不想出去。

丈夫（自我保护）：我也是。或许我们可以周末再去看。

在这一情境中，没有人受到伤害，但丈夫也没有完全讲实话。我们再来看看销售情境下如何使用反向提问。

潜在客户：这个软件包可以在微软操作系统中使用吗？

业余销售人员（在发现潜在销售业务时很是兴奋）：是呀，当然能！

潜在客户：最新的操作系统版本也可以吗？

销售人员：是的，最新的操作系统版本也可以。

潜在客户：不错，我所尝试过的所有其他程序都不能在最新版本中成功运行。

嘭！这位销售人员刚刚遭遇了巨大的冰山。想象一下冰山，你所看到的水面上的冰山只是它的一小部分，对吗？冰山的其他部分，即能够造成巨大损害的部分，隐没在水下，是你看不到的。潜在客户通常只让你看到冰山的一角，除非你心中有数，否则你就可能会遭遇冰山。现在我们的软件销售人员要被迫应对客户的问题，如果他能应对的话。

但为何他要为自己制造这种压力呢？如果他能在陷入回答潜在客户问题的怪圈之前揭示客户的真实意图，那他肯定就轻松多了。

反向提问如何有助于你

1. 通过提问，让客户更多地说话。

2. 提问将重心从你身上转移到潜在客户身上，而销售过程的重心本来就应该在潜在客户身上。

3. 提问可以恭维客户，同时展示你的兴趣。

4. 提问可以帮助解决潜在客户的异议，有些客户需要把问题讲出来才能弄清情况。

5. 提问能助你收集信息，从而发现并解决更多的问题。

6. 你可以通过提问揭示潜在客户的真实问题。出于本能的自我保护机制，潜在客户会隐藏他们的真实想法，而这会对销售人员造成阻碍。循循善诱的提问可以帮助潜在客户透露真实想法，而又不会感受到来自你的任何压力。

7. 提问能避免你掉入客户的雷区。

8. 提问能够让潜在客户动感情。人们在做决策时是理性的，但在购买时是冲动的。

9. 提问能让你远离业余销售人员最可怕的问题：不停地说话！

10. 提问可以提高你在潜在客户眼中的信誉度。业余销售人员经常过度承诺他们无法履行的事情，而通过提问，就不会出现这种事情。

11. 提问能帮助潜在客户解决他们自己的异议。在这个世界上，只有一个人能解决潜在客户的异议，那个人就是他们自己！

12. 提问可以让你获取客户不轻易透露的信息。

再来看一看反向提问如何能在前述销售情境中帮助销售人员。

潜在客户：这个软件包可以在微软操作系统中使用吗？

业余销售人员（在发现潜在销售业务时很是兴奋）：这是个有趣的问题。您为何有此疑问？

潜在客户：我只是想知道它是否很难在微软操作系统中运行。

销售人员：我理解。但我能问一下为何这一问题如此重要吗？

潜在客户：因为我所尝试过的所有其他程序都不能轻易地在最新版本中运行。

请注意职业销售人员是如何通过反向提问来揭示潜在客户最关心的那个问题的。现在职业销售人员既可以答复潜在客户的疑问，又可以向客户介绍一个可以与最新版操作系统兼容的软件包。

反向提问技巧的另一优点在于，他可以让谈话的重点一直放在潜在客户身上，因为谈话的重点本就应放在潜在客户身上。潜在客户不会感到任何压力，因此也没有理由对销售人员产生惧怕。

一旦潜在客户从情感上融入销售谈话，他就不会注意到反向提问技巧。不过，你必须要注意，不能让反向提问听起来很刺耳或很傲慢。在反向提问之前可以说些柔化的语句，减轻潜在客户的压力，让潜在客户卸下防御，并鼓励其“坦率”回答问题。

柔化的语句包括：“好问题”“很高兴您能这样问”“问得好”“这问题一定对您非常重要”，等等。

在进行反向提问时，语调也很重要。还记得在你年少时有多害怕邻居家的大狗吗？当你进入邻居家的院子时，你是怎么与狗对话的？你极有可能是用柔和的语调对大狗说：“好狗狗，放轻松。真是好狗狗。”这一道理同样适用于反向提问。说话要柔和，和蔼点、放松点，务必小心不要吓到客户。我建议你在面对潜在客户进行反向提问时，假装自己面前是邻居家的大狗。

以下列举了一些常见的销售情境以及一些适当的反向提问技巧。牢记这些情境，你将会逐渐掌握这一强有力的技巧。

试水证

销售人员：我感觉到您（根据实际情景填空）。对吗?

潜在客户：是的。

销售人员：很好。

或者：

潜在客户：不对。

销售人员：那是什么情况呢?

控制销售过程

当潜在客户在销售会见时掌握主动权时，使用以下反向提问技巧来减慢销售进程。

销售人员：这个问题很有趣。但您在第 7 页而我还在第 3 页，我们可不可以稍微往回倒一点?

压力重重的时刻

有时潜在客户会对你施加压力。在这种情况下，可使用以下反向提问技巧。

销售人员：布朗女士，您为何对我施加这么多压力?

反之亦然，如果你感到潜在客户感觉有压力，你可以说：“我现在感到有压力，但我不知道怎么回事。”

你应对不了的情况

如果遇到你应对不了的情况，请试试以下反向提问技巧。

销售人员：我们遇到了一个问题。

当潜在客户问你是什么问题时，你简述一下问题并对他说：“对于如何解决这一问题，您有什么看法吗？”

不要回答潜在客户没问过的问题

有时，你认为是问题的实际上只是一个陈述。例如，当潜在客户说：“价格太高了。”这其实是个陈述，而不是问题。客户这样说，并不是想要什么答案，但多数销售人员会去回答它。这个陈述显然是用来向销售人员施压的，潜在客户也想要一个答复。你可以通过帮助潜在客户把这个陈述转变成一个问题，从而把压力推给潜在客户。

潜在客户：价格太高了。
销售人员：您的意思是？

以下是此类陈述的变体：

潜在客户：你交付得太慢了。
销售人员：嗯哼？

潜在客户：你们销售人员总是这样对我。
销售人员：“这样对我”是指什么？

潜在客户：我对这一情况非常不高兴。
销售人员：乔治，当您说“不高兴”时，您是指？

潜在客户：我认为这个问题必须得到解决。

销售人员：您说的“必须解决”是指？

你不可能知道如何回答“价格太高了”之类的言论。受过传统销售培训的销售人员会说：“多高？”但这样回答的话，你是在暗示潜在客户的言论是正确的。请记住，陈述与反对之间是有区别的。陈述“价格太高了”可能是潜在客户应对压力的方式，并不一定是在跟你议价。就价格提出反对是指潜在客户可能想要议价。

潜在客户（陈述）：查理，你的价格太高了。

销售人员：您是指……

潜在客户：我是指，如果你想得到我的业务，我们要谈一下降价问题。

除非你运用反向提问策略，否则你不能确定潜在客户究竟想的是什么。

以下是其他的一些反向提问策略。

魔法棒反向提问策略

运用这一策略来帮助潜在客户描绘他们的需求。你说：“莎拉，如果您有魔法棒，可以描述出您自己理想的解决方案，您觉得会是什么？”然后，后退一步，让潜在客户描绘解决方案。类似地，还有偏好式反向提问策略：“莎拉，如果您有您的偏好……”

“您先来”反向提问策略

这是一个帮助潜在客户打开话匣子的好技巧：

销售人员：玛丽，我们需要全面谈论一下您的问题。可以吗？

潜在客户：没问题。

销售人员：好的，您先来。

“私下里说”式反向提问策略

另一个可以帮助潜在客户打开话匣子的反向提问策略是这样的：“比尔，私下里说，您想要什么价格？”显然这个答案不是私下里说，但它能缓解压力，且在多数情况下，它能让潜在客户透露超过你想象的信息。

“改变节奏”式反向提问

有时，要想改变节奏，你需要先回答问题然后立即反向提问：

潜在客户：产品是蓝色的吗？
销售人员：当然。让我问一下，为什么您对蓝色感兴趣？

这与典型的反向提问不太一样，但它确实改变了节奏，它能让你不陷入潜在客户的节奏，如果问题不大，你就可以用。

以下反向提问策略是用来推进销售过程的。

“让我想一下我是否说明白了。”
“我不太理解，愿闻其详。”“我不太确定。您怎么认为？”
“帮我理一下。那是什么意思？”
“为什么说那是一个问题？”
“您有这种感受，一定有什么原因。”

应对疑虑和反对意见

只有一个人能够应对潜在客户的疑虑和反对意见。这个人不是销售人员，而是潜在客户自己。如果在销售拜访中经常会出现疑虑和反对意见，那你最好能在潜在客户之前提出它们。如果你先把它们提出来，会出现一些有利于你的情况。

- 当客户看到你并不惧怕提出疑虑和反对意见，甚至会在被问及之前主动提出来时，你的可靠性就会提高。这会让潜在客户更加信任你。
- 你仍然在掌控销售进程，而不是潜在客户。
- 你可以节省时间，更快、更轻松地办该干的事。

让我们看一下如何事先应对停顿和异议：“有时当我为其他人做介绍时——在您这里可能不会是这样的情况，他们会跟我说这些情况：他们认为所有供货商都是一样的；他们讨厌选择供应商的流程和过程；他们上次选择新供应商时不太成功；或者他们不清楚哪个选择对他们来说是最好的。如果有的话，以上哪一种情况是您所关注的？”

我们的目的是找出 3 ~4 个最常见的异议——你最常听到的那些问题，然后把它们伪装成一个多选题，让潜在客户选择其中的一个或多个。这一技巧能够提前消灭可能会在稍后阻碍销售进展的异议。

当潜在客户选择了其中一个异议时，然后你开展反向提问。

“真的吗？我对您的答案很吃惊。您为何会选择这个问题？”

多尝试几次，去发现潜在客户的真正异议。然后，去判断潜在客户的这个异议是否构成麻烦，或你在稍后的产品展示环节是否能自如应对它。

当潜在客户提出以下异议时，你还可以使用另外一个反向提问技巧。

> 潜在客户：呃，就是太贵了。
>
> 销售人员：让我告诉您，当我听到您这么说时，我是怎么想的。

或者说：

> 通常人们这么说时有很多原因。（列举出多种原因，然后反

向提问）以上哪个原因符合您的情况？

例外情况

也有例外情况不适用反向提问规则。如果潜在客户两次问同一个问题，那么请回答这个问题！

潜在客户：多少钱？

销售人员：好问题，您为何这么问？

潜在客户：多少钱？

不要惹怒潜在客户，直接回答潜在客户提出的问题。不过，潜在客户很少会两次问同一个问题。

当潜在客户听到你的反向提问时，他们不知道什么情况，因此他们可能认为他们的问题不够清楚。因此，他们通常会换个说法问同一个问题。

安抚—重复—反向提问技巧

永远不要忘记，潜在客户不信任销售人员。潜在客户是心存猜疑的。他们自己有一系列的技巧来应对销售人员，并且有些潜在客户能够很好地运用这些技巧。几乎所有的潜在客户都会使用谨慎的言辞，如以下这些。

“我们合作的机会很大。”

“同等条件下……”

“平心而论……”

当潜在客户谨言慎行时，最好的回复就是使用安抚—重复—反向提问技巧，如下所示。

销售人员：谢谢，弗雷德。我很感激（这是一种安抚）您告诉我交易快要达成（这是在重复潜在客户的话），但请让我问您一个问题（反向提问）。

再举一例：

潜在客户：我认为，鉴于你的讲话和行为，我们很有可能会与你的公司产生业务往来。（这意味着什么？除非你会读心术，否则谁会知道这意味着什么）

销售人员：汤姆，我们也很感激这项业务（安抚）。当您说“很有可能”（重复）时，是指多大概率？

潜在客户：好吧，我们真的喜欢你，里奇，我们会优先考虑你。（“优先考虑”是什么意思？还是那句话，谁知道呢）

销售人员：汤姆，谢谢您。请允许我再问您一个问题。当您说“优先考虑”时，确切地是指什么？

以下是一些其他的谨慎词汇。你应该耳熟能详了，因为这些年来这些词汇经常会出现在你的耳边。

可能	或许
有可能	考虑
机会	研究
试着	似乎
别担心	如果是我负责的话
看起来不错	

所有这些词汇都是意思不明确的。因此当你听到这些词汇时，要运用反向提问技巧加以澄清。

或许你会觉得反向提问技巧有点陌生，但你之前肯定也有过这样的经历。每次你去看医生时，你前几分钟都在回答医生的反向提问，医生最擅长运用反向提问技巧了。

我们假设你因肩膀酸痛而去看医生。医生听了你的诉说之后会怎么做？当然是问问题。事实上，医生会问一系列的探究性问题，如：疼了多久了？哪里疼？刺痛还是钝痛？这样或者那样转动胳膊会怎么样？

每次你去看医生时，你前几分钟都在回答医生的反向提问。

医生不会着急解决你的问题，也不会给你一篇有关人体解剖学的论文。当然，医生此时也不会找出各种研究成果、配图、手册等，为你展示人类的各种肩膀构造。

在为你“解决问题”之前，医生通过问问题来发现究竟是什么问题，然后才会向你提供帮助。只有当医生对你进行彻底检查之后，才会做出如何让你缓解疼痛的决定。如果医生不这么做，你就会开始担心，难道不是吗？或许你还会去另寻别的医生。

因此，你作为销售人员，难道不应像医生那样做吗？难道不应该问问题吗？难道不应该澄清潜在客户的言下之意吗？为何不在做出承诺之前弄清所有细节呢？

无压力反向提问练习

可以运用这些练习来打破办公室中日常工作的乏味，并且帮助所有销售人员学习反向提问技巧。

练习如下。

找一枚硬币并把它交给一个销售人员，让这位销售人员把这枚硬币放入自己的口袋。规则为：本周内，每当这位销售人员被提问时，他必须使用反向提问技巧进行反问。如果他没能进行反问，则他应将硬币交给向他提问的人。

本周结束时拥有这枚硬币的销售人员将获胜得奖。

练习期间，所有问题必须以反问回答。每一个简单问题，如“几点了”，应回答说，“好问题，你为何会问这个问题”。对销售团队的每个人来说，这样的无压力练习是学习反向提问技巧的一个好方法。

桑德拉销售小技巧

不要把反向提问变成了力量炫耀。

不要错把反向提问理解成是为了证明潜在客户有错，或者为了恐吓潜在客户同意你说的一切。如果反向提问开始破坏你在销售关系中所建立的信誉，如果你的问题开始逐渐损坏你已与潜在客户建立的亲和信任关系，那就不是真正的反向提问，那属于力量炫耀（“你好，吉姆，非常感谢你能来拜访我们。你今天好吗?”“这个问题很有趣。您这么问有什么原因吗?”）。

——DHM

反向提问是一个很好的技巧，可以助你像职业销售人员那样行事。如果你想摆脱传统销售的陷阱，并超越你以往的最好业绩，那就尽可能快地学习反向提问技巧。当你学会这一技巧时，你就会停止讲话，开始销售。像医生一样，你的制胜武器就是问问题——反向提问，收集信息，达成交易。

现在让我问你一个问题：你觉得问问题可以助你得到更多销售业务吗?

第八章

消极反向销售：最强大的销售技巧

使用这一技巧可以创建一个环境，让潜在客户向销售人员销售。一旦掌握了消极反向销售，你就只需坐在那里，看潜在客户为你销售你的产品或服务。

——大卫·桑德拉

我需要先向你讲一个《两个渔夫》的故事。

有两个人整天出去钓鱼。一个是职业的，一个是业余的。如你所料，职业渔夫清楚地知道在什么地方能够钓到更多的鱼。他知道鱼何时咬钩，因此他总是能满载而归。而业余渔夫则不太成功。他在将鱼饵丢入水中时全无章法。他每次拉起鱼线，又放下去，很少能钓到鱼。他多数时候不但没钓到鱼，还白白丢了鱼饵。你完全可以想象，钓鱼对业余渔夫来说一点都不快乐；而对职业渔夫而言，则永远乐在其中。

一天，这位职业渔夫看到了业余渔夫的情况，于是在鱼装满桶之后，与那位业余渔夫展开了一段对话。

职业渔夫说："看起来你今天运气不好。"

业余渔夫回答说："是啊。事实上，我似乎什么都钓不到，即使有时我能感觉到鱼在咬钩。"

"喔，或许是你用力过猛了。我分析下你的钓鱼方法吧。我先问你一个问题：你什么时候会拉鱼线？"

业余渔夫说："我感受到鱼咬钩。"

职业渔夫追问："好，你感受到了鱼咬钩，然后呢？"

"我拉起鱼线，但什么都没有钓到。多数时候，鱼饵还没了。"

职业渔夫犹豫了片刻继续说："当你感受到有东西在拉鱼线时，你知道究竟是怎么回事吗？"

"不知道，为何这么问？我从未想过这个问题。"

职业渔夫解释说："鱼在杀死鱼饵。它还没去咬钩，它只是在杀鱼饵，它可能是用尾部猛打了鱼饵一下。如果你此时拉起渔线，你所得到的只能是死饵，或者甚至连饵都没有。有道理吗？你必须得尊重那条鱼及它的捕食习惯，它在咬钩之前会先杀死鱼饵。”

业余渔夫开始对职业渔夫非常感兴趣，并说：“因此当鱼杀死鱼饵后，它就要开始吃了，对吗？”

“嗯，快接近真相了。你看，首先鱼要花上几秒钟去杀死鱼饵，而这时，附近的其他鱼会游过来围观。它们聚在周围，它们也想得到一部分鱼饵。你知道为何会这样吗？”

“我猜它们是饿了吧。”

职业渔夫说：“对。你是否愿意在一群饥饿的人中间吃东西？”

“不会。”

业余销售人员太过着急寻求达成交易。

“鱼也不会。你会怎么做？”

业余渔夫说：“我会找一个没人的地方独自享受。”

“条件允许的话，鱼也会这么做。因此下次你感受到有鱼咬钩时，我建议你不要直接拉起鱼线，而是要稍微放线，让鱼抓到鱼饵。试着想象这条鱼在找可以独自享受猎物的地方。然后，当线收紧时，你就可以收钩了。明白了吗？”

业余渔夫接下来钓鱼时，就照着职业渔夫的话去做。他给鱼多放点线，等线收紧时再收钩。如职业渔夫所分析的那样，他钓到了鱼。

现在，你能从这个故事中学到什么？你能钓到更多鱼吗？很有可能。但对于职业销售人员来说，他们就可以获得更多回报。把这个故事的寓意用到销售上，卖出更多，挣取更多佣金，你看怎么样？

业余销售人员与业余渔夫之间存在相似之处。业余销售人员太过着急寻求达成交易。业余销售人员在销售时紧逼潜在客户，看起来非常富有攻击性，过早地收钩。结果呢？肯定达不成业务。

受过传统培训的销售人员与业余渔夫非常相像。他们太过着急，只能丢掉业务，他们受过的培训就是让他们尽快收钩。这些销售人员很容易把潜在客户的试探动作当作购买信号，在潜在客户试探时就准备结束业务。但如今的潜在客户非常聪明，他们见多了这些过时的销售技巧。就像渔夫和鱼一样，职业销售人员必须尊重潜在客户的购买习惯。

不要高压销售

与多数传统销售培训师告诉我们的相反，想要让人们相信他们需要购买原本不需要的东西很难，而我们的经验也表明，当我们尝试强迫销售产品或服务时，我们的行为只会让潜在客户想要自我防御。潜在客户会不自觉地去“捍卫”他们已拥有或正使用的东西。在这种情况下，潜在客户不会做出“新”决定。

当你运用桑德拉的反向提问技巧时，你可以引导潜在客户发现，虽然之前的决定很明智，但“新”决定也会有所裨益。

耐心一点，引领客户通过痛点讨论，让他们“发现”更好的方法是存在的——而你的产品或服务就是更好的方法。

职业销售人员知道何时敲定业务。职业销售人员知道不能去向潜在客户施压。人们喜欢购买，但他们讨厌被推销。因此，职业销售人员会引导潜在客户自己去敲定交易。销售人员可以运用我的消极反向销售（Negative Reverse Selling）技巧来做到这一点。

这一技巧如何起作用呢？它很简单，真的。当潜在客户试探时，销售人员多放一点线，不但不能去迎向潜在客户的关注点，还要故意避开。这与武术中所使用的理念是一样的：借力打力。

看一下有关消极反向销售的例子。

潜在客户：我对你所说的很认同。

销售人员：这很有意思，基于您之前所说的，我一直以为您对我们的产品不太感兴趣，不知道哪个点是您感兴趣而我遗漏了的？

看到这个巧妙的反向提问了吗？放线，销售人员非但没有迎合潜在客户的话，反而悄悄地避开了，静待鱼线收得更紧。

现在来看一下当潜在客户回复时鱼线是如何变紧的。

潜在客户：或许你没认识到，我认为你的产品能解决我的问题。

销售人员：哦，但我还是有点疑惑。您能再具体点说一下我的产品如何解决您的问题吗？

潜在客户：当然，我会用它……

你有没有新的发现？潜在客户自己开始敲定交易了！有什么比这更轻松呢？

要想像职业销售人员那样销售，我建议你，只在听到潜在客户说要购买时才收线。甚至到那个时候，再问一个平缓的问题也不会造成什么伤害：“史密斯先生，您希望我现在如何做？”当史密斯先生讲话时，销售就达成了。有没有感到很兴奋？

停止处理疑虑和反对意见，开始反向提问

一天，在我刚开始开发反向技巧时，我拜访了一家公司。在我结束方案展示时，潜在客户对我说：“你知道的，我非常喜欢你的展示，但我有一个一贯的原则，我从不在第一次见到某个东西时做决定。”

我马上就运用了反向技巧。

“没问题。我也有一个一贯的原则，我从不走回头路。现在，我们该怎么办呢?”

我达成了这项业务。也就是在那时，我学会了停止**处理疑虑和反对意见**并开始反向销售!

消极反向销售包括两个部分：先收紧，然后松开。

举个例子：

> “消极反向销售是一个强大的技巧，但你不会喜欢。”
>
> 收紧阶段是指：“消极反向销售是一个强大的技巧。”这是鱼钩。
>
> 松开阶段是指：“但你不会喜欢。”这是放线。

使用这一技巧，可以创建一个环境，让潜在客户对销售人员销售。一旦掌握了消极反向销售技巧，你就只需坐在那里，看潜在客户为你销售你的产品或服务。你先收紧，然后松开；收紧，再松开……如果你坚持这么做，潜在客户就会自己上钩。

为何这一技巧叫作消极反向销售呢?因为它与传统销售培训师一直以来所教授的过程恰恰相反。传统销售认为，达成交易是销售人员的职责。换言之，身为销售人员，我使你确信……我说服你……我促使你按照我的想法去做。

而消极反向销售则认为这是不正确的。这一强大的技巧可以让身为销售人员的你悠闲地休憩，同时让潜在客户承担所有工作。

要想掌握如何使用消极反向销售技巧，请找一张纸，画一个半圆，如图 8.1。在圆上的相应位置处注明 9、3 和 6，如时钟上所标注的那样。现在，在 9 与 3 之间画一个水平线，然后看看发生了什么。

想象这个时钟就放在钟摆后面。换句话说，钟摆会摆动。钟摆既可以摆到时钟一侧的 3 点处，又可以摆到相反方向的 9 点处。在销售情境中，钟摆代表潜在客户的买商（buying quotient）。

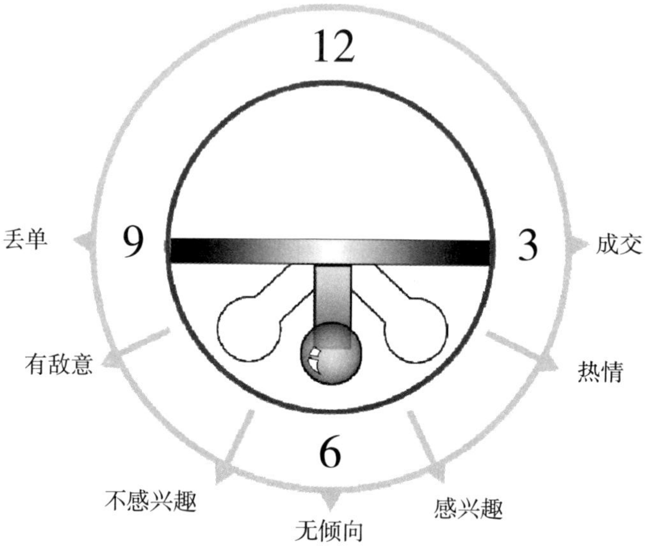

图 8.1　钟摆理论

买家与卖家相见时，潜在客户会表现出三种态度：积极、消极或者对你的产品和服务中立。因此，让我们假定 3 点代表积极的潜在客户，9 点代表消极的潜在客户，而 6 点则代表中立的潜在客户。

我们就假定你遇到一个中立（或者说无倾向）的潜在客户，在时钟上对应 6 点。如果你能让这个潜在客户的买商移动到 3 点，你就会得到一个热情的潜在客户。在 5 点处，潜在客户开始感兴趣；在 4 点处，兴趣更大；但在钟摆摆动到 3 点处之前，潜在客户不会演变成客户。不过，如果钟摆摆动到 7 点处，潜在客户就会失去兴趣；在 8 点处，潜在客户开始产生敌意；在 9 点处，你已经丢失了这个潜在客户。现在你要好好思考一下牛顿第一定律了，即移动的物体保持移动状态，静止的物体保持静止状态。如果能把这一定律与消极反向销售相结合，就能让你在销售过程中占尽先机。

我们先来探讨一下，受过传统培训的销售人员会如何应对处于 4 点处的热情潜在客户。

潜在客户说："我对你的产品真的很喜欢!"

传统销售人员这时会怎么做呢？他移动到3点处，停歇在9点与3点之间的水平线上，然后说："那咱们现在下单吗?"

但如我们所预料，4点处的潜在客户还未决定购买，在他抵达3点处之前，都不会购买。那么，现在潜在客户会如何回应这位急于达成交易的传统销售人员呢？他回到了6点处。

他说："唔，我不太确定我是否那么感兴趣。"

为何潜在客户会有这种反应呢？压力，惧怕。在销售的早期阶段，销售人员与潜在客户之间尚未建立亲和信任关系。当销售人员太过热情时，受到惊吓的潜在客户出于自我保护只会跑开。

传统销售人员然后会怎么做呢？他依然处于水平线上，看到潜在客户跑开，他感到很恐慌。按照他所接受的培训，他应该展示更多的热情，施加更大的压力，因此他站在水平线上，俯视着潜在客户，并大声呼喊（不一定是靠语言，也可能是从行为上表现出来）："快过来，相信我！我会帮你的。"

潜在客户会如何回应销售人员的这种情绪展示呢？他觉察出某些地方不太对。于是他开始向7点处移动，离达成交易更远了。

在这种情况下，应该如何应对才能获取成功呢？

当潜在客户位于4点处时，职业销售人员会移动到相对安全的地方，比方说5点或4点半，但绝不是3点。站在潜在客户所处位置与你期望潜在客户所抵达的位置之间，是大错特错。如果你那样做，你就会成为达成销售的障碍，就像上述的传统销售人员那样。你会吓到潜在客户，甚至可能会丢掉这个业务。

因此，当处于4点处的潜在客户说："我真的很喜欢你的服务。"明智的销售人员会说："很好。不过，您是否确定您已经充分考虑过了?"销售人员凭借这一语气轻柔的消极反向提问，移动到比潜在客户更低的位置，毫无压力，毫无威胁，只为消除疑虑和建立亲和与信任。

潜在客户（当他思考了销售人员的问题之后，或许会离开4点处）：好吧，我还不太确定。

销售人员（中性地、缓和地，并且仍然在潜在客户所在位置下方）：或许在您决定投资之前，还有一些要了解的问题，比如……

潜在客户退到5点处，但他开始向销售人员问问题。

“等一下，”你可能会抗议，“潜在客户开始远离交易了！”

没错。还记得牛顿定律中移动的物体保持移动状态吗？销售人员的耐心和反向提问让潜在客户开始移动，而潜在客户是否远离3点处并无所谓。既然潜在客户处于移动状态，他就会保持在移动状态。不过，通过反向提问，职业销售人员将最终引导（而不是强迫）潜在客户回到3点处。这一结果会发生的。而当潜在客户抵达3点处时，交易就达成了，并且潜在客户认为他是完全靠自己抵达那里的！只要销售人员不断地反向提问，潜在客户早晚都会摆动到3点处。这是定律！

过度运用消极反向销售技巧，会适得其反

就在我开发出消极反向销售技巧之后不久，我去拜访了本地的一家福特代理商。销售经理让我为他的9个销售人员讲课，但有几件事出问题了。

首先，销售经理让我早上8点钟去，但我后来发现，汽车的销售人员不喜欢太早上班，他们通常在10点钟左右才开始工作。

其次，销售经理向他的销售团队介绍了我，告诉他们说我有值得一上的销售培训课程，然后就离开了。我本不应让事情这样发展。

我对消极反向销售技巧非常有信心，因此我开场就说：“我是来给你们做销售培训的，我认为这个课程很值得上，销售经理也认为

它很有用。但是如果有人对销售培训不感兴趣，可以现在就离开。”

这9个销售人员起身就离开了！

从培训室走出时，我非常尴尬。那天早上，我开始质疑消极反向销售是否有效。按照我所了解的，你在运用消极反向技巧时要有限度，并且还要在适当的时间运用！

现在，假定一个潜在客户卡在6点处，对销售人员中立。传统销售人员会怎么应对这种情况呢？毫无疑问，他们会移动到3点处，展示更多的热情，他们接受的就是这样的培训。然而，他们越是兴致勃勃——这在传统销售中叫作“要热情”，潜在客户就越是多疑。并且，潜在客户很快地从7点移动到8点，然后是9点……业务彻底丢掉了。

职业销售人员又会如何应对这种情况呢？当潜在客户处于6点处时，职业销售人员会移动到9点处（那是丢单了）。他必须要让潜在客户移动起来，静止的物体会保持静止状态！职业销售人员不会去阻碍交易的达成，他的起始点不能吓到或威胁到潜在客户。通过把自己置于9点处，再加上语气和缓的反向提问风格，销售人员为潜在客户预留了空间并与之建立了亲和信任关系。潜在客户感到很安全，很舒适，且一切都在控制之中。这时，潜在客户就会开始移动。诚然，潜在客户开始往9点的方向移动，但这时一切都无所谓。销售人员了解牛顿定律！移动的物体会保持移动状态。职业销售人员看到潜在客户一路向9点处摆动，只会感到高兴。要知道，这是一个钟摆，当潜在客户抵达9点处时，他就只有一个方向可以移动，他只能回到来时的地方。但潜在客户也不会停在6点处，在消极反向销售力的作用下，他会一路摆动到3点处。更让人兴奋的是，潜在客户认为他是自己抵达3点处的！

再来瞧一下初始位置在9点处（“丢单了”）的潜在客户。传统销售人员多数会惧怕这位潜在客户。他们不知道如何改变消极潜在客户的想法。因此他们会怎么做呢？他们唯一的做法就是，跳到水平线（即 3 点处）上，上蹿下跳，大叫大嚷，试图吸引潜在客户的注意。不过，消极潜在客户完全不感兴趣，因此他甚至听不到销售人员的言语。这种情况下，潜在客户没有移动趋势，而这次销售也会很快以失败告终。

职业销售人员会如何应对消极的潜在客户呢？他也站 9 点处，站在潜在客户后方，甚至站在 10 点处。他是想干吗呢？比潜在客户更消极！为什么？你现在应该能理解了。如果销售人员向着反方向拉动潜在客户，他则会向着 6 点处（无倾向）摆动，这时牛顿定律同样适用。一旦潜在客户开始移动，他就有可能会一路摆动到 3 点处。是什么让他抵达 3 点处呢？当然是消极反向销售！

对于一个消极的潜在客户，需要强有力的反向提问。

“琼斯先生，基于您之前告诉我的，我认为您对我的产品毫无兴趣。因此，在我离开之前，我想问一个问题：我们彻底没戏了吗？”

现在看看潜在客户的反应！潜在客户不想彻底告吹，他们只是想掌控局面：

潜在客户：呃，我也不是说彻底没戏了……

销售人员（现在很小心、很耐心）：我想我误解了您。您的意思是？

不管潜在客户现在说什么，销售进程都重新启动了！潜在客户不知道发生了什么，事实上，他认为自己掌控着一切。

如果潜在客户说“是的，没戏了”，又该怎么办呢？这种情况也会存在，但非常少。在这种情况下，销售人员说：“在我离开之前，既然已经没戏了，我可以再问一个问题吗？”（这是神探可伦坡的方式，即：“喔，还有一件事……”）

潜在客户总是会“同意”这种请求。下一个问题，不管是什么问题，都要重新再次启动销售过程，有机会让潜在客户移动起来。

这儿有种方式对付这样的潜在客户：“既然一切没戏了，那我可以暂时卸下销售人员的身份做一会儿顾问吗？”或者，如果你不喜欢“销售人员”这个词，你可以说：“那我可以暂时摘下我的技术帽子，给您当一会儿顾问吗？”这让销售人员有机会把心中的话说出来。现在退缩毫无意义，潜在客户处于9点处，如果他不能移动起来，你说什么或做什么都没意义。因此，不要退缩！你的话有可能让潜在客户动起来，然后你就可以重回销售进程。

那么又该怎么应对初始位置就在3点处（成交）的潜在客户呢？迅速、稳妥地达成交易？这是受过传统培训的销售人员的想法。但请等一下。潜在客户怎么会这么快地抵达3点处？通过阅读手册、看广告、抑或是与朋友谈话？可能是这样，但在我向你介绍如何应对这种情况之前，先试着这样做。

把你的胳膊摆到3点。有没有注意到它是怎么到达3点的？你必须要摆动起来或是向上扬着，不是吗？你能在那个位置保持多久？这取决于身体状况，有的人保持得久一些，有些人则没那么久。但最终，请记住牛顿定律，胳膊终将耷拉下来。移动的物体会保持移动状态！胳膊早晚会落下来，我们只是不知道何时而已。这恰好解释了，为何最初位于3点位置处的潜在客户是很危险的。在早期就表现出极大热情的潜在客户是危险的，除非这位销售人员知道如何应对这种情况。职业销售人员在这种情况下应该怎么做？移动到6点处，并语气和缓地向客户反向提问，让他移动起来。在数个回合之后，潜在客户就不再表现得“盲目热情”了。这时，销售人员就可以放手不管。接下来会发生什么？潜在客户会最终摆动回3点处，而销售业务也会顺利达成。

要避免炸弹，在炸弹引爆之前拆除它

如果你的产品或服务不断地出现问题，请不要压力满满地等待潜在客户来问问题，那无异于引爆炸弹。要自己把问题提出来，拆除炸弹。

来看个例子。

> 销售人员：哈利，假设我们决定一起做生意，我们可能面对的一个问题就是，我们公司不会提供本地服务，这会构成问题吗？
>
> 潜在客户：会。
>
> 销售人员：请您具体说说。

相比等待潜在客户的防御性质疑，先提出问题可以让你更容易地应对这些潜在的异议。

到现在，你应该能理解为何说消极反向销售是桑德拉销售体系中最强大的技巧之一了吧。不过，如果你对此半信半疑，我也不会惊讶，因为这一技巧也是最难真正掌握的。首先，对于受过传统培训的你来说，这本身就与你之前所学到的知识恰恰相反。

此外，消极反向销售要求你改变之前的行为习惯。怎么会这样？当你使用这一技巧时，你将会变成一个更为温和、更为友好的销售人员。你不能再表现得像人人害怕、穿着呢子外套的、过度热情的传统销售人员那样。消极反向销售会让你安然自得、放松自如，它让你在销售拜访时不再有压力，而潜在客户会积极回应你的耐心和悠然态度。这是一个强大的、有效的技巧，如果你给它一个机会，势必能助你赚到钱。

不过，要想使用它，你必须先掌握它；要想掌握它，你就得不断练习它。我鼓励你去尝试一下。不要太过着急，让你的鱼线在水中多放一会儿，想一下本章开头所讲的《两个渔夫》的故事。

反过来说，或许消极反向销售与你的风格相差太大？事实上，或许你根本不应进行尝试，或许你就应该忘掉你曾听说过消极反向销售，那你觉得是不是就没有必要再往下看了呢？

第九章

亲和信任，让客户感觉良好

人们自我感觉良好的方式就是跟不如自己的人比。

——大卫·桑德拉

关于如何建立成功的亲和信任关系，我有两个版本：一个长，一个短。短的我马上就告诉你，长的会在本章其余部分论述（你可以选择略过不读）。

我们先来看看短的版本：

永远让潜在客户（或客户）的自我感觉比你好。

就这样，就这么多。按照这个建议行事，你将取得成功！

你真的不必阅读本章剩余部分。我建议你重新回顾第三章中的本体/角色理论。然后，不断练习以上建议，你就能与潜在客户建立良好的亲和信任关系。事实上，作为职业销售人员，你已经有了个良好的开端。

桑德拉潜水艇的第一个船舱已关闭！

但请等一下。如果我现在结束本章，结果会怎样呢？这个短版本确实已经说明白了亲和信任。并且，你们中的一些人，也就是那些理解亲和信任即是永远让潜在客户（或客户）感觉良好的人，毫无疑问会同意我的观点。那么继续分享长版本还有什么意义呢？为何不直接前进到桑德拉潜水艇的下一个船舱？

永远让潜在客户（或客户）的自我感觉比你好。

我的内部工作人员告诉我，如果不分享长版本，我就违反了人际关系中最重要的一条规则：人们自我感觉良好的方式就是跟不如自己的人比。简短版可能对有些人来说已经足够，但对那些因各种原因而自我感觉不好的人却可能不够。因此，如果我不分享长版本，我就会丢失这些读者。我将再没有机会赢取他们对我想法的关注，因为我们之间从未建立任何亲和信任。我让他们感觉更糟糕，而不是感觉更好，我让他们有理由不去购买我提供的任何东西。

让他人自我感觉不好，是结束一段关系（或者说丢掉业务）的最快方式。因此，请允许我在此分享相关长版本，这样我就有可能满足每一个人。在介绍长版本之前，我们先来看看人际关系中最重要的规则：人们获得良好自我感觉的方式是通过与没自己好的人对比。

尽管听起来有些刺耳，但它却是正确的。我是在小时候看电影《人猿泰山》时学到这一规则的。当我还是孩子时，妈妈经常会给我15美分，让我和朋友们每周六下午一起去看《人猿泰山》。我们一大群孩子占据了电影院的前排座位，屏幕太大，我们很难看到全部，但这无所谓。

这段记忆在我脑中是这样的：随着电影开始，泰山出现，坐在他的木屋中，而小奇塔则与一大堆香蕉在一起。突然，画面切换，有个戴头盔、背背包的男子正步行穿过雨林。他很高，看起来有两米多高。突然，他掉进了流沙中。

画面再度切换，现在那位男子正在下沉，他挣扎着摸到一块硬土，但他不能松手。他还在下沉，他开始大声呼喊：“救命，救命，救命，有人吗？救救我！”

下一场景是，泰山听到了他的呼叫。他从木屋中站起来，抓住最近的藤，向着陷入危险的男子的方向飞去。当泰山到达现场后，奇塔、珍以及大象都相继来到。呀，这多让人兴奋！

你认为坐在前排的一帮6岁的孩子此时在干吗呢？我们是否在大叫大嚷：“去救人，泰山，去救人！”

当然不是！

我总是想让那人沉下去，我的朋友们也是。为什么？如果你不明白，那我就给你讲讲。生活对于6岁的孩子是很残酷的，但有那么一刻，我们感觉自己要比屏幕上的那人要好一些。看到他陷于困境，让我们感觉更好。不只是他，也包括比我们糟糕的任何人，都会让我们感觉更好。当我们看到槲鸡把草原狼打下悬崖时，或者当兔八哥猛打鸡蛋头的头时，我们都很高兴！

如今，我对这些孩童时的过往时光有了完全不同的看法，但并非只有孩子把自己的良好感觉建立在他人的糟糕之上，成年人一直都是这样，不然，怎么去解释肥皂剧的成功呢？这些流行电视剧每天都有几百万忠实的观众。多数肥皂剧的情节都是不现实的，且充满了不幸，但无论男女都去追这些剧，无非是想从他人的悲惨境遇中让自己感觉良好。

业余销售人员是荒唐可笑的

业余销售人员让职业销售人员看起来很糟糕。他们往往过度热情、没有耐心且非常无礼。

业余销售人员就像坐在电话线上的投机分子，守株待兔。

而职业销售人员则总是能够把控自如，耐心地等待“鱼杀死饵”，他们是销售这一职业中的典范。

当你审视销售技巧和谋划未来的销售拜访时，也要思考一下自己如何出现在潜在客户面前。不要太过着急，你去银行存钱的次数就会越来越多！

这与职业销售人员有何关系呢？放轻松，运用这一对你有利的人际关系规则。故意使自己看起来 Not OK，这样你的潜在客户（或客户）就会感觉 OK。在潜在客户面前摆出 Not OK 的样子，让潜在客户改变对销售这一职业、销售之舞以及身为销售人员的你的先入为主的看法。当你表现得 Not OK 时，你就构成不了威胁。①

我有让你表现得不职业吗？我有让你表现得愚蠢吗？当然没有。让你表现 Not OK，是指不要表现得很聪明的样子，不要表现出优越感，不要使用专业名词，不要表现得像个重要人物。

要学会示弱！

首先，故意示弱有点困难，甚至让你难堪。但桑德拉培训所开发的每一技巧都需要练习——强化训练，才能掌握。

让我再给你讲一个我自己的故事。我早期曾干过一份工作：为一家公司购买全国性广告宣传。我对这一领域不太了解，因此我竭尽全力恶补有关知识。一天下午，一个经验丰富的销售人员带着他的方案来拜访我。我立即想到："这人对这一领域非常精通，我可以从他身上学习。"事实上，我与这位销售人员建立了亲和关系，并且我也打算购买他的服务，但他对我说了一句话："顺道说一下，你们之前有没用过固定时段广告②？"

突然，我不知道他在说什么，他所提到的不可能是麻疹。然而，到这时，就是那个麻疹让我心生不爽。因为我不懂他在讲什么，所以我开始感觉不好。由于我不想看起来很愚蠢，因此我对他说："不好意思，我还有个预约，你过几天再来吧。"而这件事则宣告了这段销售拜访的终结。

怎么回事呢？OK/Not OK 规则起了作用，而当时我甚至还不知道这一规则。这是正常反应，当有人让你感觉不好时，你就会想要通过摆脱那个让你感觉不好的人，来重获良好的自我感觉。这个资深销售人员因使用行话而导致业务失败，相比承认我不懂什么叫"固定时段广告"，摆脱他让我更有安全感。

---

① OK 与 Not OK 是桑德拉销售系统的专业名词。

② 这位销售人员在说固定时段广告时使用的单词是"spot"，其本意是"斑点"的意思，该词被用作表达"固定时段广告"的意思是广告行业的行话。作者因为不是广告行业的专业人士，所以无法理解销售人员的意思。——译者注

如果他能示弱，该是有多明智啊！

那么如何故意示弱呢？以下规则可以遵循。

（1）运用傻乎乎的措辞，如“我不理解”或“您能在这方面帮我一下吗”或“您具体是指什么”。

（2）即使你知道每一个问题的答案，也要看起来像不知道的样子。

（3）永远不要使用专业术语。

（4）要坚定自信，但不能富于攻击性。

（5）让潜在客户“无所不知”，让他们感觉良好。不要表现得胜人一筹。

（6）在潜在客户办公室假装迷路。当你知道出口在右侧时，故意往左走。

假装你行，直到你真的行

当潜在客户感知到销售人员渴望成交时，这样的销售业务通常达成不了。销售人员的一言一行，如紧张、犹豫等，都会传递这种信息。

事实上，你确实有时候特别需要订单！在这些时刻，能让你仍然掌控销售过程的有效方式之一就是，不断地重复对自己说：“我财务自由，我不是非要这项业务不可。”

如果那是真的，难道你不知道该如何行事吗？你会发现，当你说服自己不需要业务时，你就能够轻松专业地运用桑德拉的技巧。

当你学会如何示弱，你就会立即开始让潜在客户及客户感觉良好。假如你不能让他们感觉良好，结局会怎样呢？那你就只能转身走人了。让他人感觉不好，你就只能成为过客。帮助他们获得良好感觉，你就能成为他们历史的一部分。

还有谁能比干满两届任期的前美国总统里根更熟知这一点呢？不管你是否支持他，没有人能否认里根的表达能力。正是里根对美国人民发表演讲的能力使他被誉为“伟大的沟通者”。

里根让沟通变得简单，是因为他曾在这方面下过苦功。即使是这样，他也示弱，他了解沟通是双向的，他观察公众的情绪并做相应的应对。他的演讲使用听众容易理解的语言，简单而又令人印象深刻，并且演讲内容都是源自真实世界的故事。里根让人们感觉良好，在这一过程中，他把自己销售了出去，成了美国历史的一部分。

作为销售人员，要学习的最重要的技能就是沟通技能，它是建立亲和信任关系的基础。

桑德拉销售小技巧

人在做购买决策时是冲动的，之后会用理智使这些决策合理化。

潜在客户感兴趣的是如何消除他们当前存在的痛点，而非你的产品或服务的特性和优点。他们还关心如何避免他们预计未来会遇到的痛点。这是情绪冲动！只有当人们想要使其购买决策合理化时，才会运用理智。但挑战来了：如果你不能通过销售讨论建立亲和信任，如果你不能确保潜在客户总是足够开心地愿意与你分享情绪，那他就没有购买的理由！

这让我们想到在线上与潜在客户开展讨论的坏处之一，仅有电子邮件联络，而没有任何的口头或肢体语言线索。在这种情况下，你不知道是否已建立亲和信任。不管你的电子邮件内容写得多么引人入胜，你都很难弄清楚自己是否触动了潜在客户的情绪。只有情绪得到触动，才能促使销售达成。

——DHM

什么是信任

法国人发明“rapport”这个词的本意是“提供支持”，不过法国人经常把它用作“与某人建立联系”的意思。①

简单来说，信任就是分享共同的观点。掌握如何建立信任这一技能之后，你就能更快地与潜在客户建立联系，然后影响他们，让他们成为你的老客户。

现在，当你走近潜在客户办公室时，你会怎么与他建立信任？传统上来说，销售人员会从办公室里的某物着手，向潜在客户提问。例如：“墙上的旗鱼是你捕获的吗？”

你认为那个潜在客户被问了多少次这个问题了？你认为潜在客户是否被经常问及墙上的全家福、角落里的高尔夫球棒，抑或是书架上的笑话全集？我不否认这些问题有助于建立信任，但潜在客户早已预料到这些问题。这些问题是过时的，并不能凸显你的专业性。

在面对面沟通时，我们的言语所传递的信息通常占比最少，或许只有10%，尤其是在我们表达思想、概念、感受或抽象事物时。言语的语调，包括语速、音高和音量，能传递较多信息，大约占比35%～40%。剩下的50%或更多信息则通过肢体语言来传递，包括面部表情和手势。

要想实现有效沟通以及确保听者能明白你的意思，你的语调和肢体语言必须与你说的话一致。例如，如果你的声音有所犹豫，或者你的表情表现出不确定，那么听者将会怀疑你言语的准确度和真诚度。

类似地，你必须注意潜在客户的语调和肢体语言是否与其言语

---

① 英文单词“rapport”来自法语词汇“rapporchement”，意思是“建立或重建和谐友好的关系”。——编者注

一致。如果你感知到任何不一致，要立即确认并解决掉。

行为举止：非言语沟通

如我们所知，许多信任关系都是通过非言语沟通建立的。

对许多人来说，这意味着有必要去学习如何读懂肢体语言。例如，如果你正坐在潜在客户莱拉对面，她双臂交叉，肢体语言专家会告诉你，这意味着不管你说什么，她都是“不愿意接受的”。

但事实并非这么简单。或许是莱拉不愿意接受新信息，也或许是因为她觉得这个姿势最舒服。没关系，重要的是，你要研究莱拉的姿势并进行模仿。她如何移动？她如何坐？仔细观察，然后也做同样的事。不要去猜测某一特定肢体语言代表什么意思，只需要去模仿它！

人跟自己在一起时最自在。作为职业销售人员，你需要与潜在客户的肢体语言相匹配，这样他们跟你在一起时就像跟自己在一起一样，才会感到自在。人在与自己相像的人在一起时会感到自在。

当你模仿潜在客户的行为举止时，你不必担心自己看起来就像是潜在客户的模子。行为举止是在潜意识下发生作用的。潜在客户不会说：“这个销售人员看起来像我，因此，我喜欢他。”相反，这一信息是在潜意识下形成的，并且当潜在客户接收到这一信息时，潜在客户会感到放松自在。这样，你就建立了信任。

语调：你说话的方式很重要

人在与自己相像的人在一起时会感到自在，这我们已经知道了。同样的，人在与自己语调相像的人在一起时也会感到自在。

当你听他人讲话时，要注意他语调的细节，即音量、语速、语气、节奏及他最喜欢的词汇和措辞。

你在做销售拜访时有没有遇到这种情况：你讲话很大声，而潜在客户讲话声则相对较小，或者刚好相反？这些小事似乎没太大关系，但它确实影响很大。设身处地想一下：你通常很大声讲话，而坐在对面的销售人员则使用非常小的声音，这会让你感到舒服还是不舒服？感觉好还是不好？

你的语速怎么样？快？慢？还是不快不慢？与潜在客户在一起时，你是按自己的语速说话，还是模仿潜在客户的语速？再次设身处地想一下：你讲话较慢，你喜欢谨慎选择用词，你喜欢在每个句子之间留下一点思考时间，但你对面的销售人员讲话很快，你甚至都思考不过来，你会有什么感受？你会怎么想？你有可能对自己说“我喜欢这个人，他讲话很快”吗？还是说你会对自己说：“这人太圆滑，我不确定是否能够信任他。”

人在与自己相像的人在一起时会感到自在。

可能在你小时候，你的父亲或母亲曾对你说过：“我不喜欢的不是你说的话，而是你的语调！”嗯，潜在客户也可能以相同的方式对销售人员的语调做出反应。短促、尖厉的语气会让所有人感到不愉快（当然，同样持这种语气的人除外）。同样的，挖苦的、无所不知的或态度生硬的语气也非常糟糕。最能让潜在客户感到愉快的语气就是潜在客户所使用的语气。

节奏，也可以说是对话的韵律，同样重要。有些人刚开始说话较慢，但随着谈话的进行他们的情绪被调动起来，语速逐渐变快。有的人刚开始说得很动情，然后越说越枯燥，就像谈话使他们变得筋疲力尽一样。要注意讲话的节奏，并开始模仿你所听到的潜在客户的讲话节奏。

注意潜在客户最喜欢用的词汇和措辞，然后用同样的词汇和措辞应对潜在客户。词汇和措辞对人有特殊意义，注意倾听，记入笔记，并在稍后与潜在客户或客户交谈以及将来与潜在客户或客户开会时，使用它们。通过使用潜在客户最喜欢用的词汇和措辞，你展示了你与他的信仰体系是一致的。

语调肯定能影响你与他人之间的信任关系，因此必须要了解和练习各种语调。

言语沟通：展示、讲述及触摸

许多传统销售人员每年花费数千美元不断磨练自己的演讲技能，因为他们认为这会帮助他们更容易、更快地与潜在客户和客户建立信任关系。然而，我们知道，言语技能在建立信任的因素中占比相对较小。径直走进房间并谈论谁赢了昨天晚上的棒球比赛，或是未来天气将会怎么样，也许能在与一些潜在客户沟通时起到热身作用，但对多数潜在客户来说，这简直就是无意义的胡言乱语。

为什么会这样呢？我们每个人都通过感官来解释我们所处的环境，感官就像是过滤器。任何一天都会有数千件事发生在我们身上，而我们的大脑必须想办法解释所有事情。你的大脑不停地问：刚刚发生的事情是如何发生在我身上的？我该如何解释它呢？随着无数的刺激进入你的大脑，你的大脑不停地问上述问题。你是如何把答案分类并解释所有事情的？

你使用感官：看、听、嗅、尝和触。对于某些刺激，你仅用到一种感官；而对于其他一些刺激，你可能用到多种感官。

在商业世界中，看、听和触三种感官最为重要（除非你卖的产品是食物，否则你通常没什么机会让你的潜在客户用到嗅觉和味觉）。

多数时候，潜在客户决策时会较多地依赖其中一种感官。他们要么是视觉型的人，即他们在决策前需要看到图片；要么是听觉型的人，即他们在决策前需要听到一些东西；要么是触觉型的人，即他们在决策前需要触摸或感受一些东西。潜在客户在做决策时，这些感官都会起作用，但有一种感官占主导地位。

现在来瞧一下当你遇到触觉型潜在客户时会发生什么。你走进房间说："达拉斯牛仔队表现怎么样？你看了昨天的比赛吗？"你是在试图与潜在客户建立信任，但触觉型潜在客户（需要触摸或感受）如何从你的话语中找到共同点呢？

如果你经过调查发现潜在客户非常喜欢达拉斯牛仔队，并且你还知道他是触觉型的人，那你可能会说："当达拉斯牛仔队获胜时，你是不是感觉很不错？"没错，你的触觉型潜在客户知道达拉斯牛仔队获胜或失败时是什么感受。

在你开始与潜在客户建立信任关系或开始与客户建立和谐关系之前，你需要确定你的客户是什么类型的人。

一旦你弄清这一点，这就像是拥有了有关潜在客户的使用说明书一样！当你讲着潜在客户的语言进入他的世界时，信任关系就建立起来了。

那么如何才能得知潜在客户是哪种类型的人呢？注意倾听，发现线索。你可以从他们的言语中去发现，只需注意倾听潜在客户的话。

视觉型潜在客户会说一些这样的话："那对我来说似乎有点模糊不清，你能不能向我展示一张有关图片？我很难想象这个观点，我希望在脑海里有个印象。"视觉型的人用眼睛去观察周围的世界，他们在沟通时需要借助视觉影像。如果你想与视觉型潜在客户做生意，"你怎么看待自己获得成功？"就是一个好问题。

听觉型的潜在客户会说一些这样的话："当你把它连起来时，它听起来像什么？你能不能评论一下这个东西的重要性呢？在宣布下一步之前我必须把它了解得像铃声一样清楚。"听觉型的人借助耳朵来感知世界。下次去音乐会时，观察一下那些闭着眼睛的人，他们没有睡着，他们是在倾听，他们无须眼睛去看就能享受音乐。

触觉型的潜在客户会说一些这样的话："这让我感到有点困惑，我们得一起动手把这事儿干了。这是一个敏感问题，它必须要让我感到舒服。"触觉型潜在客户会寻找信任，学会制造信任，你就能快速与触觉型的人建立信任关系。同样重要的是：触觉型的人想要知道你关心他们。

通过"解读"潜在客户的线索并"生活"在他们的世界中，你能迅速建立信任，迅速提升销售能力。你的目标是学习这些亲和信任技巧，反复练习，并将其用于工作和生活中。当你这样做时，你的生活质量将会得到极大提升（桑德拉连锁机构每周为职业销售人员提供练习研习会，让他们互相交流，共同磨练技能）。

在桑德拉销售看来，职业销售的底线就是挣钱，而不是满足你的自我良好感。想挣更多钱吗？捷径就是永远要让潜在客户（或客户）感觉比你好，这又让我们回到了本章最开始的部分。

第十章

事先约定　尽在掌控

你最重要的事先约定是与你自己约定：没有什么能够动摇你从事销售职业的决心。

——大卫·桑德拉

桑德拉销售体系中最为果敢的步骤是事先约定，这完全对你有利！

事先约定会让客户毫无准备，他们没想到，也觉察不到你在做事先约定。事先约定是不痛苦的、真诚的和有效的，当你正确运用这一技巧时，销售就已经达成。你知道这一点，但潜在客户刚开始不会发现这一点。如我所说，事先约定完全对你有利！

我最初开发事先约定这个步骤是为了自我保护。在我职业生涯的早期，如你所知，最让我感到恐惧的事就是开发陌生客户。我害怕出现在潜在客户的办公室，还要尽力达成交易。我对老的销售套路足够清楚——事实上，可以说太清楚了。走进办公室，建立亲善，费力地展示，处理疑虑和反对意见，达成交易，然后斗争、斗争、再斗争！

达成事先约定时要避免的3个“不要”

1. **不要任何含糊**。在与潜在客户沟通时，你一定要完全清楚接下来会发生什么。

2. **不要模棱两可**。当潜在客户对你说“苏，东西看起来不错，我希望下周能有些进展”时，你可能会想，“哇，我得到了订单”。而潜在客户则在想，“我不确定我会把订单给谁”。结果很有可能不是你最终拿到订单！对于这些模棱两可的话，最好要加以澄清。

3. **不要烟雾弹**。你的“直觉”就是你内置的烟雾探测器，要学会依赖直觉。当你与潜在客户达成事先约定时，那意味着双方之间没有猜疑，没有意料之外，没有假设。事先约定不会保证销售达成，但它可以让销售不那么紧张，同时也更为有趣。

可如果我不知道有关产品问题的所有答案，该怎么办呢？如果我给出了非常棒的方案展示，而最终潜在客户对我说不，该怎么办呢？我不想失败，我想要成功！我曾有很多时候，坐在潜在客户的办公室前呆呆盯着办公室的门，脑子里出现各种负面的想法。还有时候，我会绕着某个街区不停地兜圈，假装我的车门被焊死了。很难让人相信，但确实有时当我拨打销售电话遇到对方占线时，我甚至会感到高兴。我只是不想开始销售！

于是，我突然想到将销售过程分为若干船舱。我真正需要做的就是与潜在客户达成约定，以确定我们之间是否有什么可谈的，如果有，那么我们可以继续决定我们是否有交易的可能。如果双方之间没什么可谈的，也没什么坏处。这很简单！这意味着我可以拜访任何人并且无须承担风险。“约定”这件事本身并不会失败，要么如约定的一样，我得到了想要的结果，这很好；要么如约定的一样，我在某个时点退出，那也没有遗憾。无论哪种，都实现了“约定”，我都不会“失败”。突然之间，销售就更像是游戏，而非冒险或挑战了。

运用事先约定制定议程

一旦你出现在潜在客户面前，并且你已关闭桑德拉潜水艇的亲和信任船舱，请为销售拜访制订进度计划。以下方法可供你使用。

> “比尔，您今天希望完成哪些事项？”
>
> “琳达，我们通电话时，我让您写下你在 × × 中遇到的 5 个主要问题，您能与我分享一下吗？”

"玛丽，我已从事销售若干年了，积累了无数的客户，我认为这绝非偶然。我认为今天我们能坐在一起是有原因的，是什么让您约我过来的呢？"

"凯文，我们上周通电话时您约我来访，您希望我能为您做点什么呢？"

如果潜在客户是因为广告宣传片或杂志上的文章或直邮广告而邀你前来，那么可采用以下方法：

"吉姆，（信函、广告、电子邮件等）哪一点让您产生了兴趣？您为何邀我前来？"

在潜在客户回答问题时，要注意记笔记。这样可以显得你关心他们的问题。

如果你把销售当作一个游戏，那为何不能使用事先约定呢？每项体育运动都是如此。在棒球比赛开始前，裁判员会把两队经理叫到本垒处商讨比赛规则，他们约定好何为犯规、何为公平以及何为本垒打。因此，在稍后的比赛中，如果一个击球手把接球手身后的球打到观众席，那这毫无疑问是个界外球；如果一个击球手越过左侧与右侧边界之间的场端，那这毫无疑问就是个本垒打。可以想象一下，如果两队经理与裁判员没有就比赛规则事先约定的话，场面会有多混乱。

为什么销售人员不能采用同样的方法呢？有什么方法比在与潜在客户沟通之前制定一系列规则更真诚呢？一项事先约定将会节省你和潜在客户的时间，多项约定更好；并且它会助你在不冒犯任何人的情况下挣到更多钱。通过与潜在客户达成事先约定，你们双方都可避免彼此误解，避免销售过程中常有的模棱两可、虚伪的话。事先约定可提升沟通效率并且极大地提高销售的职业性，我强烈建议你从今天起就开始使用这一技巧！

通过事先约定来控制自己的恐惧

销售过程中有什么是让你害怕的？销售过程的哪个环节让你感到最为紧张？不管它是什么（或者什么都没有），通过使用事先约定技巧来应对它。

我们假设你在销售过程中不好意思谈钱，你可以学习以下方法。

“查克，在开始谈我的产品（或服务）之前，我想告诉您我的最大顾虑。我害怕等我展示方案结束时，您会喜欢您所看到和听到的东西，但我会不好意思与您谈钱，这一点总是会影响销售的进展。我不知道怎么开口谈钱，因此，为了摆脱我的这一点担忧，从而可以放松心情为您呈现最棒的方案展示，您愿意先谈下钱吗？”

事先约定是非常棒的销售工具，难道你不这么认为吗？

事先约定是基于合同的法定概念。任何有效的法定合同包括四大部分和一些小块。

(1) 合法的目的。

(2) 资质。

(3) 对价。

(4) 双方同意。

①理解条款。

②书面或口头建议书。

③接受条款。

第一，如果没有标的物，即待售的产品或服务，你就不能进行事先约定。并且，标的物必须是合法的。

第二，事先约定对销售人员和潜在客户双方的资质有要求。你必须有能力提出建议以及达成销售，而潜在客户必须有能力接受这一建议。你可以给出这世界上最棒的方案展示，但你交付不了，或者如果潜在客户无权接受你的建议，那又有什么用呢？不会有任何结果。

第三，事先约定要求某种形式的对价。就实际而言，假设对价是钱。

第四，一份有效的事先约定还需要双方的同意，即你主动提议做一些事情，如方案展示、跟进拜访或解决问题等，而潜在客户接受你的提议。请注意，我没有说你愿意出售你的产品或服务而潜在客户同意购买它。把产品或服务作为提议，还为时过早。不过，如果你掌握了事先约定技巧，你将会很少需要主动提出出售你的产品或服务，在完成一系列的事先约定之后，潜在客户自己会来找你达成交易！

桑德拉销售小技巧

与潜在客户之间的事先约定必须包含以下5个要素。

1. 目标。（销售人员与潜在客户的共同初始目标）

2. 时间。（如果会谈需要1小时，那潜在客户应同意为此留出1小时）

3. 我们的角色。（我们在销售讨论前、中、后期需要做的事情）

4. 潜在客户的角色。（潜在客户在销售讨论前、中、后期需要做的事情）

5. 结论。（对接下来销售讨论的可能的结果的前瞻；可能会有不止一个可能的结论，但潜在客户必须就所有可能的结论与我们达成一致）

> 我们让销售人员使用 Microsoft Office Outlook[①] 的“会议邀请”功能，来重申和确定销售人员与潜在客户口头达成的事先约定的 5 个要素。
>
> ——DHM

事先约定也适用于电话销售

如果你通过电话安排预约或销售，以下是一些有用的小技巧。

1. **得到预约**。想说服潜在客户邀请你去拜访他，你可以说一些这样的话：“乔治，您让我过去，一起看看我能帮到您什么，这样行吗？”

2. **确认预约**。在挂掉电话之前再问一个问题：“您有可能会不得不把这次预约改期吗？”如果潜在客户说有可能，你就说：“那可以现在改吗？我的日程表排得很满，我相信您的日程表排得也很满。”努力争取可靠的预约。如果潜在客户说预约不会改期，你就说：“我提出这一问题是因为有时人们在安排预约时往往很随意，当然您很可能不是这样。我敢肯定，像我一样，您也很珍惜时间的价值。不好意思提出这个问题，但您知道多数人不那么较真。（重复预约日期）再见。”

3. **为下次电话布置作业**。“为了让下次电话富有成效，以下是我们需要做的事情。在我下次打电话给您时，我们先过一遍您可能存在的问题。我们会在这上面花上足够多的时间，直到让您满意为止。在下次电话结束之前，我们决定是继续往前推进还是选择结束，这样，我们双方都不会陷入电话捉迷藏游戏之中，您看

① Microsoft Office Outlook 是微软办公软件套装的组件之一。——编者注

行吗？”

4. 不要接受“我考虑考虑”之类的答复。“我们都不想陷入冗长乏味的‘再考虑考虑’之中，在这种情况下，我们双方都很苦恼，都很疲惫，那样好吗？因此，在我挂掉电话之前，您还有什么问题吗？”

5. 在对话期间判断潜在客户是否具有资格。“吉姆，由于我们大部分的工作都将通过电话进行，如果您能让我了解一下你们的大致决策过程，那会有很大的帮助，可以吗？”

在销售拜访一开始，我接下来要说的比提议本身更重要：提议必须得到明确传达，必须是确定的。换句话说，在你能向潜在客户提供什么方面不能存在任何疑问。

有太多时候，销售人员与潜在客户之间的交流是模糊不清的，任何一方都不能真正明白他们之间到底发生了什么。你是否听潜在客户这样说过：“乔治，根据你所说的，咱们凭良心说，你的东西不错。这单子差不多了，从长期来看，要是进展顺利，你差不多肯定能拿到这个单子。你……”

关于这一点，业余销售人员会冲回办公室大声说：“老板，拿到了一个订单！”而实际上，他什么也没拿到。稍微聪明点的销售人员都会看出来，那是潜在客户的模棱两可的承诺。通过使用桑德拉销售体系，你就不会接受潜在客户的这种空话了。

要给出一个好的提议，你必须首先了解潜在客户的问题所在，即我所称的“痛点”。如我接下来很快要介绍的那样，这一过程要求你询问各种问题，并且在潜在客户讲话时注意倾听。你应该对潜在客户的需求了如指掌。如果存在需求，你就必须通过提问加以澄清，清除烟雾弹。

在第一次面见潜在客户时，你想要尽可能快地传达给潜在客户的信息就是，站在潜在客户的立场上，你真的了解问题所在。据《哈佛商业周刊》（*Harvard Business Review*）几年前开展的一项调查显示，许多企业主外聘顾问时的主要担忧就是他们不了解自己的企业。

以下范例为你展示了如何向潜在客户展示出你想要了解他们的问题或业务，与此同时你还能达成事先约定。下面的一段对话就是销售人员在与潜在客户为会谈设定基本原则。

“利兹，我想问您一些问题，确保我能了解您的业务，确保我能了解您的关切。您很有可能也想问我一些问题，以确定我们公司是否能对您有帮助。

“在我们彼此问答的过程中会发生两件事。您可能会说，‘你的答案解决不了我的问题’，如果事实是这样，那么我们就不必浪费彼此的时间，您愿意在这种情况下对我说“不”吗？您可以说，‘嘿，史蒂夫，停下吧，我认为我们之间没什么可一起做的。’

“另一方面，利兹，我们也可能彼此很谈得来，在这种情况下，我希望您会说‘是的’。我不希望您说，‘我要再想一下’。如果您真的需要再考虑下，我宁愿您说‘不’。您愿意这样做吗，利兹？”

当利兹接受这一提议时，事先约定也就达成了，你明白它是如何起作用的了吗？利兹不是要同意购买你的服务——那也不是你的提议，但她同意按照你所定的基本规则与你沟通。这一约定包括：理解业务的意愿、可以拒绝或者接受，以及利兹同意这个约定。毋庸置疑，这需要双方同意。但请等一等，你忘了潜在客户十分擅长误导你吗？永远不要忘记这一点！潜在客户极有可能还不太习惯遵守与销售人员的口头约定。潜在客户知道他们需要按照各种合同还房贷、支付租车费、还信用卡等，但从未有人告诉他们要遵守与销售人员的口头承诺。

因此，你必须要在每项事先约定方面多花点时间，确保其有效。你可以按照如下方法回顾之前的约定。

“利兹，您是否确定您可以对我说不？或者，如果我能满足您的需求，您是否可以直接给我肯定答复？我碰到许多人都说他们确定可以做到这一点，但到了说‘不’的时候，多数人不想那么做。因此，我只是想确定——我们在这一点上可以达成一致吗？”

如果利兹这次还选择接受，那么你就得到了一项有效的事先约定。一旦她接受这一约定，就得到了双方的同意。

让潜在客户有机会说“是”

如果你与潜在客户的事先约定让潜在客户有机会对你说“不”，务必也要让潜在客户有机会说“是”。

我们来看一下如何做到这一点。

“好的，罗宾，您知道我可以接受您说‘不’。您对我说‘不’，然后一切结束，我走开。但假设我的答案能满足您的需求，接下来会发生什么呢？”

如果你让潜在客户有机会告诉你接下来会发生什么，那么他们会认为自己正控制着局面。

凭借这一强有力的技巧，在使用这项事先约定制定好基本规则之后，你就能很容易地通过桑德拉潜水艇的各个船舱。你需要在销售过程（谈痛点、谈钱、谈决策）的许多时刻，不断插入其他提议，从而形成一系列的事先约定。例如：

“杰瑞，让我想想我是否理解您所说的。我们都同意 A、B 和 C，您对这一点没意见，是吧？下一步是我向您展示 A、B 和 C，如果它们满足你们规定的标准，那我们就进行到下一步，拜访你们的执行委员会。这没问题吧？您对这样的节奏满意吗？”

如果杰瑞同意，那么你又达成了一项事先约定。

桑德拉
销售
小技巧

双方都需要知道下一步会发生什么以及为什么会这样。

事先约定不仅仅适用于与潜在客户之间的一对一讨论。这些约定在澄清讨论议程、意图、承诺、角色以及下一步如何进行等方面非常有用，同时还适用于销售经理与销售人员之间的讨论。

——DHM

在某种意义上说，有了事先约定的销售就像是下棋，你走一步，潜在客户走一步，你再走一步，潜在客户也再走一步，以此类推。如果你们有人走得不好或根本没走，游戏就结束了。出于这些原因，务必要在走出每一步之前与潜在客户达成事先约定。

务必要记住时刻检验潜在客户是否了解约定。下面来看一下如何在轻松澄清你的立场的情况下让潜在客户说出约定。

“罗恩，我认为我非常明白我们想要实现的目的，但正是如此，为确保日后不会存在误会，您愿意再跟我讲一下我们今天所做的工作，确认我们现在在同一步调上吗？”

如果你没听到你想听的话，那么在走向下一步之前解决这一问题……缩短销售周期。

桑德拉
销售
小技巧

仅在事先约定得到确立后才发送有关材料。

潜在客户早晚会对你说：“给我的邮箱里发点相关资料吧。”这是对销售人员的自然而然的回复，也是一种在不伤人的情况下拒绝销售人员的轻松方式。

在你同意发送资料之前，自问一下：“潜在客户为什么要索取资料？这意味着他不感兴趣吗？”

向潜在客户提出疑问：

“玛吉，没问题，我可以通过邮件向您发送一些资料。但在我这么做之前，我想问一个问题，可以吗?”（注意到这一微小的事先约定了吗？你提议要做某事，即发送资料，但你需要更好地了解情况，因此你需要问一个问题，而你现在正在寻求潜在客户的接受）

玛吉同意让你问一个问题，因此你继续说：

“有时人们要我发送资料时，其实对我的产品一无所知，他们非但不是要寻求与我合作，反而是在对我说他们只是没有任何兴趣。但是他们人比较好，不想直接告诉我，怕伤我感情。我们是这种情况吗，玛吉?”

如果你决定要发送资料给潜在客户，则务必在发送之前与其达成事先约定，约定接下来的事。

“乔治，我这儿资料很多，您可能只对其中部分资料感兴趣。为确保把适当的资料发过去，介意我问一些问题吗?”

你要问的问题要实现以下任何一种目的：

（1）缩小要发送给潜在客户的资料的范围；

（2）激起潜在客户的兴趣，让你再次有机会获得预约。

如果你必须要发送资料，则如下应对：

“乔治，我们正在准备资料，我打算明天发送给您，您周四应该就能收到。您需要多长时间来看资料?”

等候乔治的回复，然后说：

“您说您需要24小时，那我周五打电话给您。如果您不介意的话，我希望到时候您能说，‘约翰，我看过资料了，我有一些问题’。或者你也可以说，‘我看过资料了，我们不可能达成合作’。乔治，如果您有兴趣，那么我希望您能邀我面谈，可以吗?”在发送资料之前先达成事先约定。

——DHM

在销售拜访中，事先约定技巧用得越多，我就越清晰地感觉到：需要做方案展示的机会真的不多。如果你先做销售拜访，然后发现痛点，然后谈钱，然后决策，很多时候这套系统中根本不需要方案展示这个环节。为什么？因为当你达成了一系列约定时，潜在客户可以体验到你的产品或服务将如何满足他的需求。在你达成各种约定的同时，你自然而然地引导客户认识到：你的产品或服务可以消除问题或提供解决方案。

达成各种事先约定，并不能保证你能获得每一个订单，也不会让你每天肯定会有一个订单。不过，达成各种事先约定可以保证你掌控销售过程，掌控每一个步骤。

作为销售人员，要养成一个习惯：如果事先不知道做某件事的后果，就不要去做。再小的事也要有事先约定，比如说，潜在客户要求你周四打电话给他，但你不知道原因。请温柔地提问："萨莉，我很乐意在周四打电话给您。我想请教您一下，我们周四通电话要讨论哪些事情？"请注意，"我想请教您一下"这样委婉的陈述会让这一技巧不再刺耳。

运用事先约定技巧的 6 大原因

1. 它让潜在客户和销售人员双方都有机会问问题。

"（潜在客户）先生，我们给会见设定一些基本规则吧。我希望能有机会向您问一些有关您企业的问题，我也希望您能就我的产品（或服务）提出您想提的任何问题。"

2. 它让潜在客户和销售人员双方在不合适时都有机会说"不"。

"（潜在客户）先生，在我们彼此问问题的同时，我们或许会得出结论认为您的需求与我的服务（或产品）不符，我们或许会得出结论认为彼此再浪费时间没有意义。如果我们得到这样的结论，您愿意坦率地告诉我吗？”

3. 它让潜在客户在彼此适合时说“是”。

“另一方面，如果您认为我的服务（或产品）对您有用，那么我们就往下推进，好吗？”

4. 它为每次销售拜访带来实际结果。

“（潜在客户）先生，我们今天会谈结束时，可以就如何推进销售过程设定基本规则，怎么样？”

5. 它为销售拜访争取足够的时间。

“比尔，您为这次会谈预留了多长时间？您的时间是宝贵的，我也一样，我希望确保1分钟都不会浪费。”

6. 它为会谈确定议程。

“苏珊，您今天希望做哪些事？”或者，“布鲁斯，我已从事销售若干年了，积累了无数的客户，我认为这绝非偶然。我认为今天我们能坐在一起是有原因的，是什么让您约我过来的呢？”

如果你想提高销售业务达成率，你所需要做的就是擅长达成各种事先约定。这听起来简单，做起来并不容易。达成事先约定需要勇气，而且还极有可能需要你改变自己的行为方式。几十年来，传统销售培训师一直在教人按他们那套老办法做销售。潜在客户处于主导地位，销售人员处于从属地位，任何人都能猜到赢家是谁。习惯没那么容易改变，但必须尝试！

先在家中练习事先约定技巧，然后出去进行实践。刚开始，你会感到难以开口，你会犯难。但请记住，失败很正常。你将该技巧用得越多，你就能越快地掌握它。我宁愿成为一个可以达成强有力的事先约定的销售人员，也不愿成为盛大方案的展示大师。擅长达成事先约定的销售人员的表现每次都能胜过方案展示大师，这一点毫无疑问。

最后一句话，你最重要的事先约定是与你自己约定：没有什么能够动摇你从事销售职业的决心。这是你走向专业的最后一站！

第十一章

停止兜售特性和价值

人们做出决策时，要么是想更快乐，要么是想远离痛苦。人们产生购买动机时是感性的，做决策时则是理性的。

——大卫·桑德拉

第十一章　停止兜售特性和价值

如果一个销售培训师说“别再拿特性和优点当卖点了”，这听起来像是歪门邪道，不是吗？一直以来，传统观点都在宣扬要以特性和优点为卖点。很明显，他们认为那样能取得成效，但我认为那样做了很多无用功，诚然安全，但效率低下。它至多称得上是平庸的销售方法，但它如今已不再有效。特性和优点不会让人做出购买决策，而只会让问题更加复杂。

先来做一个小练习。在一张纸上沿页面中间画一条竖线，在左上角写上你公司的名字，在右上角写上你主要竞争对手的名字，在左下角写上数字 1、2 和 3，在右下角也写上同样的数字。现在，在你公司名字的下方，列出你的产品或服务的三大优点，务必确保这些优点就是人们向你购买的原因。是因为你的产品或服务能产生更多利润吗？是因为它优化效率吗？是因为它便于使用吗？不管是什么优点，现在把它们记录下来。

我有一则好消息和一则坏消息，如果你像大多数人一样，你会想先听坏消息。坏消息是：你被解雇了。

现在轮到好消息了：你的竞争对手（你在页面右上角所写的名字）刚刚聘用了你！

今天是你新工作的第一天。回到纸张的右侧，在你的竞争对手的名字下方（你现在工作的公司），列出新公司的产品或服务的三大优点。最后，你极有可能会发现，你很难区分纸张左侧与右侧的内容。跟以前的公司比起来，新公司产品的优点很有可能相差无几，两家公司的产品几乎具有相同的优点、相同的特性。

你能想象把这一练习的结果告诉你的潜在客户和老客户后会怎样吗？事实上，传统销售人员每天都在这么做。潜在客户已经听多了以相同特性和优点为卖点的方案展示，在你每次做方案展示时，潜在客户很有可能已经从你的竞争对手处听过了你要讲的话。如果你以传统方式进行销售，唯一能将你与竞争对手区分开的是名片上的公司名字。

如果你以传统方式进行销售，唯一能将你与竞争对手区分开的是名片上的公司名字。

如果特性和优点不能让人们产生购买欲，那什么能呢？

传统派会说兴趣和对产品的好奇。他们会从理智上引起潜在客户的兴趣，尽管这是一个错误的方法。他们找到潜在客户的兴趣，想尽办法激发潜在客户对他们产品或服务的好奇，这就是以特性和优点为卖点的销售方法，它并不管用。

人们做出决策时，要么是想更快乐，要么是想远离痛苦。人们产生购买动机时是感性的，做决策时则是理性的。增加利润、提高效率、便于使用等优点虽能在理智上引起兴趣，却不能在情感上引起兴趣。试着从理智上去销售你想销售的任何东西，你是不会成功的，即使成功了，也要付出艰辛的努力！

我建议你选择更容易的路径。销售时，只管去追逐潜在客户的痛点！其他所有情感都不够强烈，因此可以忽略。透过表面现象，发现潜在客户的真实动机，揭示他的痛点。

由于痛这一情感太过强烈，因此潜在客户会竭尽全力去避免它。当你让潜在客户感到痛时，尤其是当前的痛，然后向他展示你可以结束他们的痛苦和创伤，你就离达成交易更近一步了。

桑德拉潜水艇的第 3 个船舱是痛点。要想关闭这个船舱，你必须让潜在客户感受到强烈的痛苦。

我为如何通过痛点这一步骤开发了一个5步公式，如下：

健康—受伤—生病—重病—神药

1. 寻找一个健康的准潜在客户（尚未成为潜在客户的任何人）。要对这位健康的准潜在客户提出的一个关键问题就是：“您这个问题持续多长时间了？”如果他告诉你问题持续10年了，那么这个问题极有可能在接下来的10年还会持续下去。这并不是什么紧急的事，同时也没啥可能达成销售。换下一个准潜在客户，相反的，如果这位准潜在客户说问题持续了一天、一个小时，或者几个星期、几个月，那么这位准潜在客户就有可能成为潜在客户。

2. 你可以通过提问让准潜在客户感到受伤，从而将其转化为潜在客户。健康的准潜在客户实际上可能也需要你的产品或服务。但由于他们有戒心（不去感受任何情感），他们可以保持安全、理智、克制，不买任何东西。所以要让他们感到疼痛，挖掘他们的痛点。

传统销售人员以特性和优点为卖点，试图迅速解决潜在客户的问题。传统派试图在这一公式的受伤阶段就达成交易，但很少成功。

进入受伤阶段不久，你会听到潜在客户说：“你能帮忙吗？”传统派会自豪地大声呼喊：“当然，我能。”

但我的方法是采用“傻子曲线”技巧，给出不一样的答复。我会说：“我也不知道。关于您的状况，我能问几个问题吗？”

请记住，人们购买时是情绪化的，因此在交易成功达成之前，他们必须得感受到痛。如果你让潜在客户过快地走完这一销售公式，你将会丢掉这项业务。

3. 让你的潜在客户因痛而生病。仔细盘问，问问题（请回顾第七章），很快，潜在客户便会从情感上参与其中。

4. 继续盘问，直到达到重病状态，这时潜在客户愿意不惜一切代价来解决其痛苦和创伤。他们现在感受到了自己的问题。重病状态的潜在客户无须销售人员干涉就能认识到自己的问题，他们认为必须立即解决这些问题。他们的工作，他们的企业，他们的未来，这一切的前提是必须要消除痛点。

5. **现在，拿出你的神药**。让潜在客户认识到，你的产品或服务能够消除痛点。

注意：虽然这一公式非常有效，并且接受过桑德拉培训的几十万个销售人员都在使用它，但如果你在揭示潜在客户痛点时分寸没掌握好，它也会有不足之处。

几年前，我们的一个学员在 90 天内把销售效率提高了 200%，他对揭示痛点这一技巧非常着迷。事实上，由于他太过执着于这一技巧，我称他为“痛点怪兽”。一天，由于他对潜在客户施压过大，最终丢掉了本已达成的销售业务。

这位学员后来告诉我，在他刚与潜在客户结束销售会谈之时，他对自己处理痛这一步骤的方式非常满意。他解释说：“在 90 分钟的攻坚战之后，我终于击穿了潜在客户为自己竖起的壁垒。任何临床心理学家都会对我层层剥开潜在客户问题的方式感到满意，我从理性上的兴趣一直剖析到骨髓深处的伤痛。我得到了这项业务。”但当他回到办公室时，得知这位新客户刚打来电话，语音留言说取消订单。“我再也联系不上他了，他再也不跟我说话了。很明显，我在揭示潜在客户的痛点时过头了，让他感到很难堪。因此我丢掉了这项业务。”

我不会让销售人员向心理学家那样去追逐痛，我也不会纵容他们那么做。我们为销售人员开发痛这一步骤，并不是让他们去扮演“低级心理学家”。不过，当这一步骤得到妥当运用时，它的作用会超过只会激起好奇的客户拜访。它将你的产品或服务与潜在客户的痛点相匹配，最终让潜在客户做出购买决策。

你现在很有可能想知道：“我该如何探求潜在客户的痛点呢?”

让我为这个问题重新组织一下措辞。应该是：“我该如何引导我的客户自己发现自己的痛点呢?”

这样问很重要，因为让潜在客户自己发现自己的痛点，而不是由你去告诉他，能让你更轻松地达成交易。人们不愿承认自己的痛点，如果你尝试去揭示他们的痛点，会出现3种情况。

(1) 由于潜在客户不得不向你暴露痛点，他们会很难堪。

(2) 他们将开始感觉不好。（还记得有关永远不要让潜在客户或老客户感觉不好的亲和信任规则吗）

(3) 他们将不得不承认是之前的错误决策让他们处于现在的状况。这会让他们没心情购买新东西。

要想探寻潜在客户的痛点，你必须综合使用各种人际关系技能，尤其是积极倾听和提问技能。这两项技能可以说是桑德拉潜水艇的燃料。

如何才能做到积极倾听呢？打个比方，有人这样描述积极倾听：“只有当你穿上我的平底鞋，你才是我的朋友。”换句话说，倾听潜在客户讲话是一回事；从潜在客户的角度理解其立场是另一回事。积极倾听要求你在理解潜在客户的情况或困境的同时，让他知道你理解他。此外，不能对潜在客户评头论足，这也很重要。

积极倾听能促进双方互信，而信任则是让潜在客户自己暴露痛点的重要前提条件。传统销售人员在推进销售过程时通常不会过多地考虑潜在客户，他们会企图掌控销售之舞，但由于缺乏潜在客户的信任，反而会让他们失控。

以下4个技巧可助你成为一个积极的倾听者。

1. 告诉潜在客户你理解。当你向他人回复“我理解”时，他们会很快对你产生信任感，速度甚至快到让你惊讶，尝试这一点，以下是相关的其他表述：“我理解您说的话。”“这讲得通。”“这很正常。”

注意倾听那些反映潜在客户感受的话语。

2. **重复潜在客户的话**。我把这称为“鹦鹉学舌”。这没有“我理解”有效，但它依然值得一试。当你重复潜在客户的话时，你听起来就像是回声，但潜在客户听到时会感到舒服。“您觉得方向性的向量是因为程序漏洞而失效了？”

3. **把潜在客户的话换种说法表述**。倾听潜在客户讲话，然后用自己的话重述潜在客户的话。这个方法可以保证你正确理解了潜在客户。这也可以作为前两种方法的替代方法。“换句话说，程序漏洞破坏了向量的精确性？”

4. **为潜在客户的感受提供反馈**。注意倾听那些反映潜在客户感受的话语。当你听到这些话时，记在脑中，或做下笔记，然后在适当时为潜在客户提供反馈。“听起来您对程序漏洞感到很苦恼。”

尝试这些技巧，你会发现潜在客户开始愿意信任你。

在积极倾听的同时，还有必要借提问来发现潜在客户的痛点。以下问题可助你在销售会谈时发现潜在客户的痛点。

“您对那件事是什么感受？”

“现在看来，这个问题有多严重呢？”

“您希望我能为您做些什么？”

“您对自己的现状有什么不满意的吗？”

“您怎么看呢？”

“现在您正在使用的 × ×，哪部分是您还比较满意的呢？

“如果有任何可以改变或者改进的地方，您觉得会是什么呢？

“您认为那个对您有用吗？听起来似乎不管我说什么或者我们的系统可以做什么，对您来说都没什么价值，是吗？”

“您正在使用的不是挺好的吗？这个问题有多久了？”

“真正的问题是什么？”

“在这一行业，我们已发现××方面的问题。您是否有类似的问题?”

“假设今天您要做出一些改变的话，您会有哪些不同的做法呢？这是否意味着您不愿试试新的思路?”

“如果让您挑一个不满意的地方，那会是什么呢?”

“您在××方面存在什么问题呢?”

“我该怎么说才能不影响您的心情，同时又能看到当时可能判断错了呢?”

“您觉得哪个点是需要改进的？您什么时候开始觉得要重视××方面的问题呢?”

“我们今天见面的目的是什么?”

“嗯，听起来解决××问题并非那么重要，我理解的对吗？您愿意见我是因为……?

“您在这方面想了多久了?”

“您从未在××方面有过问题吗?”

“那是否意味着您对××方面很满意?”

“那个问题给您带来了多大损失?”

用于探寻痛点的问题很多很多，你非常有必要自己开发让你可以自如提问的问题。在开始问问题的时候做笔记是很好的，人们喜欢接受采访，尤其是当访谈内容与他们相关或对他们很重要时，而这当然会涉及他们的痛点。让自己表现得像一个新闻记者，从潜在客户那里收集信息，并将信息记在笔记本中。

继续问问题，直到你发现潜在客户的痛点。从经验来看，你至少需要问 3 个问题才能发现潜在客户的痛点。你可以从潜在客户的前两个回复中获得一些东西，我称之为理性的烟幕（Intellectual Smoke Screens，简称 ISS)。它们可以算是痛点指示器，却不是真正的痛点，当你听到 ISS 时，要继续提问!

你怎么知道自己已获得成功？你怎么知道潜在客户正在遭受痛苦？

你会知道的，因为你之前从未听过。潜在客户的反应将变得情绪化，不再是纯理性化的反应。潜在客户的用语会有所不同，正遭受痛苦的潜在客户会使用一些特定的词语，如：担忧、担心、苦恼、努力都白费了、愤怒、不安、害怕、毫无希望、情况很糟和失望等。

例如，想象一个会计师拜访潜在客户的情景。会计师问潜在客户："我能帮您点什么？"

潜在客户说："我想少缴税，多挣钱。"这可能听起来像是痛苦，但这只是理性的烟幕，这不是情绪化的回答。如果会计师想现在结束交易，有点太早，潜在客户还未表露痛苦。当潜在客户带着情绪说"我厌倦了将钱都交给政府，我不想再这样做了"或类似的言语时，那就是痛点了。

正遭受痛苦的潜在客户会使用一些特定的词语，如：担忧、担心、苦恼、努力都白费了、愤怒、不安、害怕、毫无希望、情况很糟和失望等。

除了使用情绪化的词汇或说法外，潜在客户还会使用与平时不一样的身体语言。如果痛苦变得严重，潜在客户可能会站起来在房间内走来走去，或者凝视窗外，几乎注意不到你。有的潜在客户会低下头，摇头，垂下眼帘，或无精打采地瘫在椅子上。这时你就会知道他们正在经历痛苦。

如果你能很快发现潜在客户的痛点，你难免会感到有些激动。毕竟，你知道你离达成交易非常近了。但请不要流露出来，痛苦从来都不是愉快的体验，潜在客户不想看到你幸灾乐祸。继续引导潜在客户，同情地摇摇头，为潜在客户的痛苦感到同情。这时，单子就快拿下了。

你无法销售，客户必须自己意识到他们想要。好问题能助你了解潜在客户的问题究竟有多严重。去提问！

桑德拉销售小技巧

经常有销售人员让我们把用于探寻潜在客户痛点的众多问题压缩成少数几个对每个销售人员都适用的问题。尽管类似的问题非常之多，同时每个销售人员所在行业及自身经历有所不同，但我们可以说，有效的痛点探寻问题至少包括以下这些。

“跟我讲讲那一方面。”

“您能再具体点吗？给我举个例子。”

“这问题持续多久了？”

“您为此做了哪些尝试？”

“那起作用吗？”

“您认为那让您损失了多少钱？”

“您对那如何看？”

“您是否放弃解决那个问题了？”

——DHM

我认同让潜在客户界定销售会谈的边界，我认同让潜在客户和销售人员实现双赢，各自的需求都得到满足。我认为潜在客户应有机会自己将自己的痛点与产品或服务相匹配，从而消除痛点，同时我也认为销售人员应有机会获取新客户，挣更多钱。

传统派劳苦终日，而我更愿意懒散一点；传统派必须要强迫他人才能达成交易，而我愿意帮助潜在客户让他们自己达成交易；传

桑德拉痛点漏斗

统派在整个销售会谈期间压力满满，而我更愿意对潜在客户展露同情；传统派必须努力隐藏策略，而我更愿意心情放松、享受乐趣；传统派愿意不断做方案展示从而以量取胜，而我更愿意早早地放弃不合格的潜在客户；传统派以特性和优点为卖点，而我更愿意探寻痛点。

最重要的是，我愿意使用桑德拉潜水艇销售法，并为此自豪，让潜在客户自己判断，自主选择接受或是拒绝我的提议。如果你也能接受这么做，我建议你翻阅下一章！

第十二章

谈钱伤感情？我不这么认为

想象一个百万富翁在帮你做销售拜访。他在谈钱时会有片刻犹豫吗？不大可能。那你为什么不学学他呢？

——大卫·桑德拉

为何许多人，包括销售人员，谈钱时会感到苦恼呢？谈钱大概是桑德拉潜水艇销售法中的最重要一步，而许多销售人员却选择逃避，为什么呢？

因为这就是我们一直所受的教育。这次应责怪的不是传统销售培训师，而是一代代传下来的社会规范。稍稍思考一下，如果童年时期就有人鼓励你大胆谈钱，那么你绝对是少数中的少数。父母会训诫他们的孩子不要谈钱："张口问'你挣多少钱'是粗鲁的，去问任何有关钱的事都是粗鲁的！"因此，按照我们所受的教育，我们在谈钱时要小心谨慎。

不过，要想在销售方面取得成功，你必须要学会自如地谈钱，如果你做不到，你的潜在客户能很容易感到这一点。因此现在，请忘记你一直以来所受的教育。事实上，你应该尝试以下练习。

如果童年时期就有人鼓励你大胆谈钱，那么你绝对是少数中的少数。

假设你刚刚抵达纽约的时代广场，在霓虹灯下，广告牌之间，你看到了自己的照片和一句话："我财务自由，我不是非要这项业务不可！"

这难道不是很棒吗！这并非傲慢自大。但如果你能够想象自己财务自由，不用求人，那你谈钱时就很容易做到流畅自如。你谈钱时不会有丝毫压力，你周围的人也能感觉到。

如果你发现自己也是百万富翁，你将很快发现自己在谈钱时不会有丝毫犹豫。靠个人奋斗而取得成功的百万富翁都有不浪费时间的习惯。想象一个百万富翁在帮你做销售拜访。他在谈钱时会有片刻犹豫吗？不大可能。那你为什么不学学他呢？

在挖掘痛点的阶段注意倾听潜在客户有关钱的线索

在追逐痛点阶段，潜在客户会经常给出一些有关钱的线索，你有必要去倾听。

> 潜在客户：我之前购买过类似的服务，问题是我为此付给了那位销售人员 500 美元，而他的服务似乎未能解决问题。你会不会也是这样？

现在你知道，潜在客户之前曾为此问题花了 500 美元。了解潜在客户的购买习惯总是会对你有所帮助，不过如果像这样回复将有助于建立亲和关系：

> 销售人员：（潜在客户）先生，我不太确定，但我会记住这一点。当我更多了解您的问题时，我就能够告诉您答案，好吗？

有时候，你可能会听潜在客户说他不能购买你的产品或服务。在这种情况下，为何要花时间去挖掘痛点？

“我知道我必须要解决这个问题，但手头有点紧。”或者是“税务局总是催着缴税，我不知道我是否有钱应对这个状况。”

如果你听到这样的言论，不要急着去挖掘痛点。相反，要使用反向提问技巧温和地问潜在客户如下问题：

“有趣！给我仔细说说这一点。”

或者，你也可以直接运用消极反向提问技巧说：“那我们之间是不是可以到此为止了？”

如果潜在客户说“不是的”，那么你继续提问。

如果潜在客户说“是的”，那你就说：“好吧，您的话听起来好像要到此为止了，因为您忙于应付税务局，很明显您没时间解决痛点。”

总有一个技巧可以帮你和潜在客户澄清当前的情况。

有多少次你在做完方案展示后发现潜在客户已经破产了？在我看来，最为激动的潜在客户通常没有钱，没有什么会比这更让人泄气了！

现在就是本书中说这句话的最佳时机了：时间就是金钱！

这样要比传统做法好得多，他们以特性和优点为卖点，他们试图激起潜在客户的好奇心，他们死缠烂打，他们想尽一切办法来到一个让人尴尬的阶段：钱的问题。他们再不谈钱就结束不了交易，而潜在客户也知道这一点。因此，潜在客户不会关心他们夸张的表演，而只关心最重要的部分——钱。潜在客户袖手旁观，只等最后谈钱。他在静静地想：“她何时才会谈钱呢？她的服务究竟值多少钱？如果钱太多，我将必须去征询委员会的意见，我不清楚我是否想那么做。”当潜在客户等了足够久，而销售人员仍未谈钱时，潜在客户会主动提问，传统销售人员只能被迫仓促应对。现在，真正的角逐上演了！事态如何进展完全要看潜在客户，传统派从来都掌控不了销售进度。

谁会想经历接下来可能会有的压力和失望？谁会想要精疲力竭地去追求潜在客户？为何要拖拖拉拉？为何不事先谈钱？现在（在潜在客户意想不到时）谈钱总比以后谈要轻松得多。

如果你已成功地通过追逐痛点步骤，你就可以进入预算这一步了。潜在客户所经历的痛苦越多，为你的产品或服务支付的钱就越多。对于决定购买或决定不购买的人来说，钱从来就不是一个问题。经历真正痛苦的潜在客户会为消除痛苦付出一切。为解释这一点，让我先给你分享一点个人经历。

1969 年，大约在我从事销售一年左右时，我受邀在新奥尔良的钣金与平板印刷协会大会作主题演讲。这一项目的主席，同时也是巴尔的摩一家大型钣金公司的总裁，是我的老客户，正是他邀请的我。约有 400 位高层管理人员出席了这一大会，而我决定同他们谈论的主题是“你的‘本体’与‘角色’是两个不同概念”（即第三章所提过的本体/角色理论）。我在大会上分享了荒岛故事并让这些高层管理人员做了练习，让他们分别为自己的本体和角色打分。

我建议这些人在回到自己公司后为他们的销售团队分享这一本体/角色理论，并且给了他们相关资料的复印件，同时上面印有我的名字和电话号码。我解释说，不管他们对自己的销售团队做了多少培训，我敢肯定结果总达不到他们的期望（事实上，我早就知道这一点，因为我的老客户在邀请我演讲之前就已经告诉我了。出席这次大会的许多管理人员都曾向他抱怨，尽管他们花了数万美元对销售团队进行培训，却并不起作用。或许培训之后的一两周销售业绩会有所提升，但最后还是老样子）。

借助第三方故事表达你的感受

有多少次在潜在客户面前你有“感受”却不敢大声说出来？

例如，假设你的潜在客户因产品或服务价格而向你施加了很大压力，与其维护自己的立场，你不如借助别人的故事来告诉潜在客户你的感受：

“凯特，我理解您的问题。就在上周，当我与一位老客户打交道时，我真的感觉很难办。当我向总部争取到他想要的价格时，他却改变了想法。这让我很难办。如果我向总部为您争取到这个价格，您不会反悔，可以吗？”

尝试一下，看看是否有用！

我告诉那些管理人员，他们的传统培训方法之所以不起作用，是因为他们的销售人员太想让自己的需求得到满足了，自尊感非常之低。我最后说，如果他们对本体/角色理论有任何疑问，欢迎他们来巴尔的摩拜访我。之后，我就乘飞机回家了。

由于当时我刚开始干这行，主要收入来源还在巴尔的摩，因此我并没有期望从这次大会中得到任何业务。不过，在我回家两天后，一天早上很早就接到一个电话。电话是印第安纳州克劳佛茨维尔的一家钣金公司的管理人员打来的，他显得很激动。他说我们在大会上彼此没有交谈，因此我不会记得他，但当他回到自己公司为他的二十多人的销售团队分享本体/角色理论之后，所有人的本体评分都不超过4分！他感到大为吃惊。他花了那么多钱去培训他们的角色，却忽略了最为关键的本体。他问我是否愿意立即过去为他的团队开展培训。

那时，我在巴尔的摩开展两天培训课程的价格为2 500美元。但当我听到电话另一端这位管理人员急切的声音时，我对自己说："太好了！这可真是只幸运鸟啊。"就好像我刚开窗，它就飞进来了。我想好了，当他说完后，我就说："听我说，我培训课程的价格为2 500美元，如果你愿意承担差旅费，我就很乐意过去。"

但他一直在说，说他花了很多钱在传统销售培训上面，说我是对的，说他很高兴能听到我在大会上的演讲……在他说话的时候，我对自己说："我在巴尔的摩的培训价格为2 500美元，但我可以每晚在家睡觉，或许住宾馆要把价格再加上500美元。当他停下来时，我将要价3 000美元。"

然而，他还在不停地讲他如何为销售人员购买各种书籍和音频，却全部没起到作用。他似乎说了1个小时，但我知道他只说了几分钟时间。现在我开始思忖："你知道的，我将必须乘飞机过去，我将必须要放弃一些销售时间，因此我要把价格再加上500美元。我要把价格定为3 500美元。"

最终这人说完了并问道："哦，顺便问一下，你的培训价格是多少？"

我说：“10 000 美元，差旅费另算。”

他说：“好，没问题。你最快什么时候过来？”

当我挂掉电话，我暗自思索：“我少要了多少钱？”

这就是感受到真正痛苦的潜在客户！

我为这位客户做了两次培训。如果是在巴尔的摩，我会挣得5 000美元，但这位潜在客户的痛苦把这次交易的价格变成了20 000美元。

我来问你一个问题：你少挣了多少钱？

你少挣了多少钱

几年前，我决定改变职业方向，不再四处去做培训了。我下定决心不再到处出差，而是花时间经营桑德拉培训，同时扩大商业网络。我觉得，如果我到处出差开展培训，我就不能静下心来经营公司。

在这之后几个月的一天，有个人打电话到我的办公室邀请我。他在 20 世纪 70 年代曾参加过我的一场培训会，如今他是田纳西州孟菲斯一家大型公司的副总裁，他想让我为他的销售人员开展一次培训。

由于我那时不在办公室，因此是助手接的电话，他解释说我不再开展培训了，但事实上他可以开展培训。他知道我的所有材料，他完全能够开展培训课程。然后我的助手打算达成这一交易，他说可以在孟菲斯做一场一天的培训，价格为 7 500 美元，差旅费另算。

在这位老客户挂电话之前，他问我的助手：“桑德拉在办公室吗？”正巧那时我回来了，我那对这一交易感觉良好的助手把电话递给了我。

这位伙计告诉了我他是谁，尽管我不记得他，但他继续讲述他这些年来如何得益于我的技巧。他认为我的想法有很大价值，他这次打电话是因为他真的想让我为他的销售人员开展一次培训。我向他解释我已不再开展培训，然后他问："这是真的吗？还是说你在对我使用消极反向销售技巧？"

我笑着对他说这是真的。"我只是不再开展培训了。我如今经营公司和商业网络，非常忙。"

他很坚持，于是又问道："我出多少钱你都不来培训吗？"

我重复道："好吧，我真的不再开展培训了。但我不知道你所谓的'多少钱'是指多少，我不知道我会不会答应，你为何不试一下呢？"

他说："我的预算是 15 000 美元，如果你愿意来孟菲斯做一天的培训，我愿意全部给你。"

我说："成交。"一周后，我去孟菲斯做了一场培训。

这次电话为我的助手上了两堂课。

（1）他丢掉了业务。我对他说："我从未要求你把电话给我。"

（2）他少赚了很多钱。

我解释说："你太早透露自己的价格了，你有没有问他的预算是多少？他的预算是你开价的两倍。"

很多销售人员都少赚了钱。为什么呢？他们靠理智而非情感进行销售，他们不会充分开发追逐痛点的步骤，他们不会问合适的问题。

传统销售人员忍不住要少挣钱。他们所受的教育让他们"低估了"自己的产品或服务。他们通常承诺的要比交付的多，他们几乎总是将自己的产品或服务与竞争对手相比较，就好像潜在客户会在意那些烦琐难懂的话一样。请记住：人们购买时并不理智，他们购买时是冲动的。这就是为何在谈钱之前务必要让潜在客户参与到痛点讨论之中。

在桑德拉销售体系中，你将有意向的人变为潜在客户；然后将健康的、不需要你的潜在客户变为正在遭受痛苦和伤痛的潜在客户。

聚焦于潜在客户的痛点，直到他重病在身必须医治，然后拿出你的解药。这时，为了消除痛苦，潜在客户愿意付出任何代价。

顺便说一下，在印第安纳州的客户之后，我为两天培训课程的报价从未低于 10 000 美元。我在想我是否可以开价 25 000 美元。但在 1969 年，我的年收入仅为 12 500 美元，那时 10 000 美元对于两天的工作来说绝对是天价！

因此，现在你准备好与潜在客户谈钱了吗？通常，我不太相信预先计划好的台词。一方面，台词不好记；另一方面，台词说起来就像是在排练。不过，预算阶段对你的销售成功至关重要。因此，在这一阶段，你不妨记一些台词。

成功谈钱 3 步骤

不要等到方案展示结束时才去谈钱，事先就把问题拿出来。

如果你做好了以下各项，那就离开潜水艇的痛点船舱并进展到预算船舱。

（1）你已发现潜在客户的很多痛点，并且你已确定每个痛点对你的潜在客户来说带来多大的损失。

（2）你已回顾了痛点阶段，并且你与你的潜在客户在要达成的目标方面都没有故弄玄虚。在回顾时，避免给出任何解决方案。

（3）你的直觉告诉你，你的潜在客户是真诚的。如果潜在客户对你不真诚，请不要继续。

预算阶段的开场白可以这样：“约翰逊女士，您为（您的产品或服务）安排预算了吗？您能跟我说一下大概数字吗？”

导入预算阶段时，首先与你的潜在客户回顾痛点阶段。你可以这样说：“史密斯先生，让我看看我是否弄明白了。您谈到您在（痛点 1）、（痛点 2）和（痛点 3）方面出现问题，您的意思是希望我能给出（解决方案1）、（解决方案2）和（解决方案3），对吗？”

如果史密斯先生说“是的”，那么你就可以和缓地进入预算阶段，并说：“好，史密斯先生，让我先问您一个问题。您为这一项目安排预算了吗？”（当然，如果潜在客户说“不是”，那么你就得重新回顾痛点阶段并理清问题）

这是进入预算阶段的最简单方式。你还可以这样说：

“史密斯先生，假设我们可以解决您的问题，而根据您的需求，我们的产品（或服务）将需要您花费750～1 000美元。这对您来说可以接受吗？”

很简单，不是吗？

如果谈钱让你感到不自在，你能做些什么呢？试试这个方法：

“琼斯女士，我们已谈过您所存在的问题，我想跟您说，我的产品（或服务）能助您消除这些问题。不过，在这样做之前，我也有一个问题要跟您说。我对自己的产品非常自信，我敢肯定它能解决您的问题。但我这个人不擅长谈钱，谈钱让我很不自在，我的父母总是跟我说，谈钱不礼貌。因此，我们事先谈下钱可以吗？”

这些话没有胁迫性，可以让你和潜在客户轻松自如地谈及钱这一话题。

进入预算阶段的最快方式就是直接问：“您为这一项目安排了预算吗？”很直接，不是吗？但你要做好事先准备，潜在客户可能做出以下3种回答。

(1) “不，我没安排预算。”这是你将听到的次数最多的回答，尽管这不正确。
(2) “是的，我有预算。”
(3) “是的，我有预算，但我不能跟你分享。这对你的竞争对手不公平。”

以下是应对这3种回答的方法。

对于“不”的回答

还记得亲和信任章节里的 OK/Not OK 理论吗？要避免让潜在客户感到不舒服是很重要的，因为如果他开始感觉不好，他就会想要摆脱你。因此，对于声称没有预算的潜在客户，你应该这样回复：

“这很正常（这句话旨在缓和气氛）。那您打算如何进行此项投资呢（这是在引导）？”

这问题很合理，潜在客户的答案将对你非常重要。潜在客户是在套取你的信息吗？还是说他真的有意向要购买有关产品或服务？

接下来潜在客户极有可能会告诉你更多有关如何进行购买决策的信息。你甚至还可能发现是谁管钱，以及他们为这项交易安排了多少预算。

对于“是的”的回答

当潜在客户承认他们确实为这一项目安排了预算，你就如下回复：

“很好，您愿意与我分享大概数字吗？”

你的这一回复包含两个关键部分。第一个关键部分是“分享”。让潜在客户与你分享是因为，通常情况下人们喜欢分享，“分享”一词可以从心理上让潜在客户开口透露一些信息。

第二个关键部分是“大概数字”。请注意，这一措辞听起来没有胁迫性。假如你说：“您能告诉我预算的确切数字吗？”潜在客户极有可能会感受到压力，感到受了胁迫。这时，买家与卖家之间的墙将会竖立起来，而潜在客户也会开始增加防御心，他会突然地感觉不好。但“大概数字”这一措辞相对温和，易于接受。潜在客户可能会给出一个超出你想象的具体数字。

对于“我不会与你分享”的回答

当潜在客户拒绝与你分享预算（即使只是大概数字）时，要当心。不要打击潜在客户，不要对潜在客户施压，你知道是什么情况吗？很遗憾这么说：但你在痛点阶段时遗漏了一些东西。你在痛点阶段做得不够好，因此潜在客户才会说：“我不能与你分享预算数字。”记住：如果你在痛点阶段开展得足够彻底，潜在客户会不惜一切代价解决问题！

不过，如果你得到“我不会与你分享”的回答，你最好的措施是“范围法”，要这样说：

“琼斯女士，您说得有道理（用于缓和气氛，建立更好的亲和氛围）。您极有可能已经知道，我们有很多产品可以解决您的问题。有些解决方案的价格在3 000～9 000美元；有些解决方案的价格在9 000～20 000美元。现在，我理解这对您来说属于机密（用于缓和气氛）。但私下说一下（同样用于缓和气氛），您是愿意考虑价格在3 000～9 000美元的解决方案，还是愿意考虑价格在9 000～20 000美元的解决方案？”

按照过往经验，潜在客户在80%的情况下会选择一种价格区间。不管潜在客户选择哪一种区间，你应给出相反反应。例如，假设琼斯女士说：“好吧，基于我所知道的信息，我们会选择3 000～9 000美元的区间。”

你说：“这让我很惊讶。我原本认为，按照您问题的严重程度，您会选择9 000～20 000美元的区间。”

但假设琼斯女士说：“我们会选择9 000～20 000美元的区间。”你就回复：“好，这很有趣。我原本以为您会选择3 000～9 000美元的区间。”

琼斯女士不会预料到你的这种反应，你使用了“傻子曲线”加消极反向销售！

如果潜在客户选择的区间足以支付你的产品或服务成本，你可以继续缩小区间：

“琼斯女士，让我再问您一个问题。那您会选3 000 ~6 000美元的区间还是6 000 ~9 000美元的区间？”

要当心！“范围法”是个很有用的技巧，但不要越界，不能给予对方太大压力。要想掌握这一技巧，需要不断地强化训练。我曾见过业余销售人员将这一技巧变成了高压攻势，结果使潜在客户感觉很不好。而职业销售人员在运用这一技巧时会非常小心。职业销售人员永远不会忘记他们出现在潜在客户面前只为了一个目的：挣钱。不要仅仅因为想让自己的需求得到满足而丢了业务！

桑德拉销售小技巧

销售就是心理医师演的一场百老汇戏剧。

您是否曾在与潜在客户或老客户交谈时丢掉了客观？这很容易。购买对潜在客户来说是一项情感体验。但是，对销售人员来说，务必不能感情用事，因为你的思维会变得模糊不定，你的决策质量会变得很差。想象一下心理医师与患者之间的关系。在医患谈话期间，患者突然跳起来，从医师桌上抓起一个美工刀，大叫道：“我要杀了你！”

面对这种情况，优秀的心理医师不会大叫回应：“为何要杀我？”他也不会拿起电话报警。根本没时间那么做！

相反，他会保持客观理智地说：“汤姆，我明白你很苦恼。在你扑向我做出让你日后肯定会后悔的事情之前，我们是否可以谈一下是什么让你如此苦恼？或许有更好的方法可以消除你的苦恼。你愿意找出原因吗？”

如果这位医师回答“为何要杀我”，那么他极有可能被杀死，而他的客观回答则极有可能会拯救自己。

——DHM

在降价之前，免费送出产品

一天下午，有一位宾夕法尼亚州匹兹堡市的连锁店经营者给我们打电话，谈论一位潜在客户跟他说的话。潜在客户对他说："你的价格太高了。"

这位连锁店经营者用尽了应对异议的方法，但都不起作用。相反，潜在客户对他说："瞧，我希望你下周五来给我们开展培训。你也说了你有时间。现在就剩一周时间了，在剩下的这一周时间里你也不大可能为下周五安排其他培训，那么你为何不过来接受我愿意为你提供的费用（低于这位特许经营人的正常费用）呢？至少你可以在那天赚些钱。"

这位连锁店经营者对这位潜在客户说："我会再联系你。"然后他就打电话给我了。

他打电话告诉我："你知道的，这人理由很充足。我下周五没安排，我也没时间再安排其他培训，因为离下周五就只有几天时间了。为何不接受潜在客户愿意提供的费用，至少我可以挣到一些钱呢？"

尽管我知道他想让我告诉他什么，但我这样对他说：

"你那样做是错误的，因为你处理问题的方法不对。首先，你在痛点阶段有所遗漏，这也是潜在客户不愿接受你的价格的原因。但现在，如果你降价，你将会使自己陷入困境，你的工作将得不到你应得的回报。很快，你会认为自己不值那么多，而这个低价将成为你的常态。"

然后我给他说了解决方案：

"回去告诉你的潜在客户，你不能降价，但你可以为他免费培训。这样，你和他的需求都能得到满足。他会得到培训，解决他的销售问题；而你则依然能感觉良好，因为你并没有降价。然后，你下次面对潜在客户时，你会在痛点阶段做得更好，你会得到应得的金钱回报。”

于是这位连锁店经营者回去对他的潜在客户说：“你知道的，我又思考了一下你的提议，这跟钱没关系，我只是不想让自己感觉不值钱。但我仍然可以为你开展培训，免费。”在我职业生涯早期，我也做过很多免费工作，只因为潜在客户需要我却付不起钱。免费工作比让自己感觉不好要好，很多时候，免费工作让我得到了原本不会得到的数千美元收入。

顺便说一下，当我的连锁店经营者去免费为潜在客户提供培训时，潜在客户改变了主意，他为培训工作支付了全价！潜在客户仔细思考之后开始担心，如果他强迫这位连锁店经营者免费工作，那么他可能得不到一流的待遇。

那么如果潜在客户的预算区间看上去实在太低，连产品或服务的成本都不够，该怎么办呢？在这种情况下，你应该问如下问题。

“如果所需投资高于您的预算，您会怎么办？”

“假设我们不能采用最高等级的解决方案，如果必须的话，有没有什么问题是可以不解决的？具体是哪些？”

“您真的打算解决这些问题吗？”

反向提问技巧之“这可能是个问题”

你或许会发现，当潜在客户似乎没有足够的钱来购买你的产品或服务时，使用“这可能是个问题”的反向提问技巧会非常有用。我们一起来看一下：

销售人员：您为这一项目安排了预算吗？

潜在客户：是的。

销售人员：您愿意与我分享一下大概数字吗？

潜在客户：大概在500至1 000美元之间。

销售人员：唔，这可能是个问题……如果所需投资高于您的预算，您打算怎么办？

这一反向提问技巧甚至在潜在客户的预算足以支付你的产品或服务时也很有用。假设你的产品价格为750美元，而潜在客户的预算在500至1 000美元之间。

“唔，这可能是个问题。”

你故意假装潜在客户的顶限似乎不足以支付产品成本，尽管你知道它可以。稍后，当你具体谈及价格时，对于认为1 000美元还不足够的潜在客户来说，750美元看起来还不错。

猴爪技巧

如果你的产品或服务价格非常之高，那么在销售时钱极有可能会成为一个障碍。如果确实是这种情况，你将会发现猴爪技巧非常有用。

如果你曾看过游船停靠码头，你就可能注意过将游船系在码头上的那些大绳。那些大绳约有成年人的胳膊那么粗，并且很重。他们是如何将这些绳子从船头（约有十层楼那么高）扔到码头的呢？他们使用猴爪。如果没有任何帮助，是不可能将那些绳子从船头扔到码头的。这里帮忙的是一个小橡皮球，它系在一根长线上，长线又系在大绳上。一位船员将橡皮球扔给码头上的一个工人，然后这个码头工人将橡皮球、长线和大绳拉到码头。这个工具就是猴爪。

这又与帮助你在销售上挣更多钱有什么关系呢？如果你所销售的产品或服务价格很高，那么你的潜在客户可能由于你的价格很难决定是购买还是不买。但如果你能把价格分成几块呢？

假如你在销售一个研究项目或研究成果，你是否可以提供一个1天的咨询项目？你是否可以提供一个30天的试用？思考一下，是否可以拆分你的产品或服务，使其价格远低于总成本，你的潜在客户可能支付不起总成本，或者潜在客户可能需要征询委员会的意见才能筹到整个项目所需的资金。不过，你的潜在客户或许愿意支付小额的钱，因此请丢出猴爪，一点一点逐步获取更多业务。

猴爪还有一个好处，那就是它经常可以让你甩开竞争对手。一旦客户在你身上做了一部分投资，假设你的工作能够让人满意，或你的产品表现符合标准的话，那么客户不大可能再将业务提供给你的竞争对手。让潜在客户有机会对你做出小额投资，那么你就有可能锁定这项大业务。

若干年前，特灵空调公司是我的老客户之一，我向该公司的销售人员介绍了猴爪技巧。他们当时正在销售价值数百万美元的空调装置，他们称之为“冷却装置”，这些大型装置主要安装在医院和酒店的屋顶。他们有一个问题，即他们的销售周期很长，通常为6～8个月（因为支出数百万美元可是个大决定），而且同时他们还有两三家大的竞争对手。

特灵空调公司的一个销售人员参加了桑德拉的强化训练课程——销售实战俱乐部。一天，他讲述了他的竞争对手如何对他造成巨大威胁，而当他学会猴爪技巧之后，一切都变得轻而易举！

首先，他编写了一个非常精细的调查问卷，其中大约包括40个问题。在那之后，他对潜在客户说，他可以为他们开展一项调查。他可以带着调查问卷在潜在客户大楼中展开调查，收集必要的数据，然后就潜在客户的需求提供一份书面的客观分析。这项研究会就哪种类型的装置最适合这栋大楼而为潜在客户提供建议。最重要的是，这项研究成本仅为750美元！这对最终要支付几百万美元的人来说是非常合理的。

突然之间，这位销售人员放弃了追求数百万美元的业务，而是开始首先寻求仅仅价值 750 美元的小业务，进而通过这一猴爪获取更大的业务。当然，这一技巧起作用了。这项价值 750 美元的研究最后成为成功的开始，而且它本身就很有用。它帮助销售人员与客户之间建立了亲和关系，只要他交付了他所承诺的结果，他就得到了大部分的业务。最终，特灵公司邀请我为其全国销售人员讲授这一技巧（以及整个桑德拉销售体系）。

不要自己妨碍自己的销售

销售人员在预算阶段存在的一个问题在于，他们自己买不起自己的产品或服务。买不起自己所销售的产品或服务的销售人员通常在谈钱方面有困难，因为他们的产品对他们自己来说太过昂贵，所以他们认为这对他们的潜在客户来说也很昂贵。你要记住一项很好的经验法则：永远不要考虑潜在客户的支付能力。不要预先假定你的产品或服务非常昂贵。

假设你在销售宝马轿车，均价在 55 000 美元。除了你的公司用车（不用花你一分钱）之外，你与爱人有一辆用了十年的雪佛兰，价值几百美元。你的潜在客户为此所做的预算完全没问题，但你却不敢提钱，为什么呢？因为你认为花 55 000 美元购买一辆轿车太奢侈了。你“对客户的同情”展现在你的脸上，突然之间妨碍你销售的唯一阻碍成了你自己。不要将可怜的自我形象投射在潜在客户身上，不要妨碍自己的销售。让潜在客户去购买你的产品或服务，因为这能解决他们的痛点。学会这一点，你将会挣到更多钱！

当你的潜在客户真正存在痛点时，谈钱一点都不无礼。事实上，不谈钱才无礼呢！

桑德拉销售小技巧

不要害怕谈钱。

与传统销售系统相比，桑德拉销售体系的主要区别之一在于，它的金钱/预算阶段来得相对较早。多数传统销售过程要么在验证潜在客户资质阶段草草地谈及金钱，要么在方案展示期间谈钱。而对于桑德拉销售体系来说，方案展示几乎是最后要做的事情，而谈钱则是发生得相对较早的一个双向对话。

如果曾有人教导你在方案展示期间在你的演示文稿一闪而过时谈钱，请停下来想一想那种场景。你正气喘吁吁地做一个 60 分钟的方案展示，在第 45 分钟时，你给出了一个无人能理解的复杂定价模型，这样的效率得有多低啊？然后你准备要结束方案展示，你开始说：“好，我们将为你提供 A，我们还会为你提供 B，还有 C……”你希望通过这样的展示让潜在客户认为：“呀！那一定值很多钱！”然后到最后一刻，你翻开最后一页文稿并亮出你的神奇价格，而这价格通常要远远低于潜在客户的预期。

你觉得这一招好用吗？我猜你会得到这样的回复：“要考虑的太多了，我们得开一个会研究一下，然后我会尽快联系你。”

许多销售人员在谈钱时抱有“非礼勿视、非礼勿听、非礼勿说”的心态。我们把这称为“希望 + 祈祷”。他们在开展销售时总是祈祷不要在钱方面出现大问题，但事实上经常会在钱方面出问题。

我不了解你，但我在从事销售的 25 年间，钱总是一个问题。你必须要确保潜在客户对你的产品或服务的价值感到满意。是的，你必须要提前讨论这一点。

这一方法有多有效？这儿有个关于我的十来岁儿子康纳的真实故事。康纳已经接触桑德拉原则有好几年时间了。一个周日的下午，我让他修剪草坪。我明明白白地对他讲了我想让他怎么做，什么时候开始，什么时候完成。作为一个接受过桑德拉培训的销售人员，康纳让我讲了一会儿的话，然后平静地问道：“老爸，我们可以谈下钱吗？你是怎么想的？”是的，他在一开始就谈到了钱，并且是的，我付了钱。

——DHM

第十三章

验证潜在客户的决策能力

潜在客户对我说“是”当然没有问题，我也可以接受潜在客户对我说“不”，但“我要再考虑一下”这样的答复是我所不能容忍的。我建议你也持有相同的态度。

——大卫·桑德拉

在我最初使用传统销售技巧时，我最厌恶的一点就是它在我生活中所制造的压力。我每次做方案展示只是为了想知道："我会得到肯定还是否定的回答？"如果潜在客户想要"再考虑一下"，那需要多长时间才能做出决定？接下来的决定是对我有利还是不利？我在销售讨论期间是否犯过错误？如果我得不到肯定回复，就得不到期待已久的佣金，那我是否还能做到收支平衡？所有这一切都会产生压力，非常大的压力。

不幸的是，多数人会把与决策有关的压力外在化，把一切都归咎于客户。

或许你知道我想表达的确切意思。你也极有可能占用周末时间去发掘潜在客户。你周五时做了方案展示，当时客户说："下周一给我打电话吧，我会告诉你我的决定，我想要先考虑一下。"于是，你整个周末都不能与家人和朋友好好地放松，总是在担心着潜在客户会做出什么样的决定，想着周一有多大概率会听到肯定回答，想着在发薪日是否能拿到优厚的佣金支票。然而周一又发生了什么呢？潜在客户甚至根本不接你的电话，这就是压力！

不幸的是，多数人会把与决策有关的压力外在化，把一切都归咎于客户。事实上，问题不在潜在客户，问题在于销售人员。传统销售人员所受的教育要求他们先做方案展示，最后问结果，正是这种流程制造了压力。而在做方案展示之前先验证潜在客户的决策能力，那要好得多。

如果潜在客户不具备决策能力，你可以选择不做方案展示，从而避免压力。

如果潜在客户不具备决策能力而你仍然选择做方案展示，那么至少你知道结果，你仍然可以避免压力。

如果潜在客户确实具备决策能力，你或许永远不必做方案展示，因为具备决策能力的潜在客户往往会主动促成销售。而且相信我，这种情况也不会有任何压力。

桑德拉销售小技巧

决策能力与职务无关。

销售是受你（即卖家）推动的发展过程。你必须要做的最重要的决定之一就是选择何时放弃，因为你没有验证潜在客户是否有权拍板。

谈到购买决策时，你必须要找出是谁做决策，他们在哪里做决策，以及他们以何种方式做决策等。你不能想当然，即使你在网上找到潜在客户的职务，即使你看到潜在客户有个气派的独立办公室，你也不能假设这个人可以自主决策。你必须要应对真实的决策过程，这意味着你必须要深挖一下。如果你选择继续与潜在客户打交道，理由应该是你对所有牵涉最终购买决定的正式和非正式因素都有清晰的了解。

痛点、预算和决策阶段共同构成桑德拉的验证潜在客户资格的步骤。不是所有人都值得你去做方案展示，即使他们的职务听起来很高级！你应该保证跟你打交道的人满足一点：他们在对你的产品或服务感到满意时，能够也愿意与你共同推进销售进程。这意味着你要做很多工作，而不仅仅是在谷歌上搜索潜在客户的名字。

——DHM

顺便说一下，有必要强调一下：我这些知识不是在象牙塔中学到的，也不是短短一周时间就掌握了的。桑德拉潜水艇是我一次一个船舱开发出来的，是我在与潜在客户和老客户打交道时慢慢开发出来的。每当我在销售过程中遇到困扰我的问题，我就对它展开分析，以期找出解决它的办法。潜在客户“我想要再考虑考虑”的回答真的让我感到很困扰，我最终发现，只要拒绝接受它就可以解决了。正是在那时，我开发了潜水艇的决策船舱；也正是从那时候起，我的销售体验中就没了“压力”这个词。

潜在客户对我说“是”当然没有问题，我也可以接受潜在客户对我说“不”，但“我要再考虑考虑”这样的答复是我不能容忍的。我建议你也持有相同的态度。如果你这样做了，你会发现潜在客户将会尊重你的态度，他们甚至会因你持有这种态度而更加尊敬你。这一课的后半部分是我在宾夕法尼亚州约克市的一家公司学到的。

多年前，在我开发了潜水艇的决策船舱之后不久，距我家约一个小时车程的约克市的一家公司联系了我。这家公司收到了我的销售培训讲习班的宣传手册，于是他们的培训副总裁邀我过去见见他们的管理团队。

在我同意前往之前，我在电话中验证了这位潜在客户的决策能力，核实了他将亲自参加方案展示，还确认了他有能力在方案展示的最后给出肯定或否定答复。在达成这一事先约定之后，我去了约克市。

你猜我在拜访这家公司时发生了什么？我做了方案展示，而那位培训副总裁最后却说他不能决策，并说我能不能第二天再来，以让他有时间“再考虑一下”以及征询一下公司其他成员的意见。

此时最简单的方式莫过于直接离去，让潜在客户摆脱负担，然后第二天再来。这项交易可不是小数目，如果我能得到这项业务，将能够大赚一笔。我内心有一个声音说：“也罢，这人欺骗了我，为何不同意他明天再来呢?”但我心中另外有声音说:“挺住!要忠于自己的系统。”

在这样的情况下,我学到了:保护自己的价值体系——保护你的本体、你的角色以及你身为职业人员所相信的一切东西,要比帮助潜在客户感觉良好甚至拿到业务更加重要。

因此当那位培训副总裁要求我明天再来时,我说了“不”。我在会议室当着这家公司的管理人员的面说:“我们之间有过约定,这一点应该不存在任何误解。我今天很高兴花时间向你们展示我能够如何帮助你们解决问题,但既然您曾同意在我的方案展示结束时给出肯定或否定答复,那我们要不现在就开始,要么就不用我的课程。我会去会议室外等待一会儿,让您和您的人进行单独讨论,等待您给我一个肯定或否定答复。如果您今天不能给我肯定答复,那我就当您是在拒绝我。”然后,我起身离开了房间。

我在会议室外等了1个小时,然后他们叫我进去。他们已做出决策,即向我给出肯定答复。我对他们表示了感谢,然后我问:“我想知道你们是怎么做出这一决策的?”

那位培训副总裁回到黑板处,向我展示了他们采用了传统的“本·富兰克林说服法”(Ben Franklin close)。他们在黑板的一侧列出了他们应该购买我的课程的所有原因;同时在黑板另一侧列出了不应该购买的所有原因。应该购买的原因有12个,不应购买的原因有11个,而正是那第12个原因让他们决定购买我的课程。这个原因是:“因为他忠于自己的体系,他不会让我们失望。”

通过坚持自己的立场,并强迫这家公司遵照其培训副总裁之前的约定向我给出明确答复,我得到了这家潜在客户的尊重,他们成了我的客户。不管你采用哪种销售系统,我都建议你信任它,保护你内在的价值体系要比可能的金钱收入更加重要!

不同的人会在不同的时刻进行决策

在我开办研讨班的早些年里，我在人们如何决策方面学到很多知识。我过去会开展为期一天的培训研讨班，取决于培训内容，收费 95～275 美元。我的目标是在研讨班前期做到收支相抵，然后在后期每周的培训课程上通过销售实战俱乐部会员赚钱，每个会员的会员费数千美元。（你发现这里所采用的技巧了吗？我在这里用了第十二章所讲过的猴爪技巧）

在研讨班上，我向参与者讲述后来大家所知的桑德拉销售体系的一些基本原则。我事先就确定了自己的意图，我先向我的听众解释说我今天将向他们讲授我的体系的某些方面，然后我打算在下午 4 点左右向他们兜售销售实战俱乐部的会员。我告诉他们，如果加入销售实战俱乐部，他们可享用大量的培训音频材料，还可以参加所有销售实战俱乐部的研习会。我还解释说，销售实战俱乐部的研习会将为他们提供强化训练，帮助他们成为销售大师。

我习惯每次提前 1 个小时到达研讨班做准备。有些参与者非常感兴趣，来得非常早，我很快意识到这些人非常有可能在下午 4 点时购买实战俱乐部的会员。一天，我突然想到，那些早来的人事实上早已下决心要加入销售实战俱乐部。一些人是现场做出决策的，一些人喜欢多考虑一下，于是我开始验证这一想法。

在研讨班开始半小时左右我解释完我的意图之后，即上午 9：30 左右，我讲述了我体系中的决策过程。我解释说，我做决定很快，如果我喜欢某种东西，我就想要立刻买下来。一件我想购买的产品拖得越久，我就会变得愈加厌倦。然后我展示了这一理念，我说："例如，有些人来参加研讨班，不仅仅是为了这价值 95 美元的一天课程。有人愿意现在举手表明自己喜欢这一课程并已决定付费加入实战俱乐部吗？"

根据听众的数量，总会有一些人举起手来，通常是三四个。这时，我会把实战俱乐部的一系列资料提供给他们，而他们则会把信用卡给我。我就是靠这种方式发现，有些交易可以在早期达成，甚至可能在他们看到方案展示之前达成。

在研讨班进行到两个半小时左右，即午餐之前时，我会推出“预订优惠”。我说：“马上到午餐时间了，你们也听了一上午的培训，现在有多少人已决定加入实战俱乐部了？顺便说一下，如果你们在午餐之前决定，就可以享受50美元的优惠。”这时又会有六七个人举起手来，然后我同样把实战俱乐部的有关资料提供给他们，并拿走了他们的信用卡。此外，我向早上第一时间购买会员身份的人同样给出50美元的折扣，给他们一个惊喜（当然，由于我尚未处理这些订单，因此加上这些折扣很容易）。午餐期间，我总是会留在培训室，因为总有些人回来得比较早，而且在午餐期间就决定加入销售实战俱乐部了。

有一点让人惊奇，那就是在午餐之后下午4点之前，不管我怎么努力都没有人再出钱了。那些尚未做出购买决策的人会等到研讨班结束时才进行决策。很显然，这些人属于需要看完整个方案展示才能进行决策的人。

下午4点时，我要求已加入实战俱乐部的人在研讨班结束之后留下来，好让我告诉他们如何使用这些材料，并为他们提供各自所在区域的实战俱乐部研习会时间表。我也要求尚未做出购买决策，但现在想加入实战俱乐部的人留下来。剩下的人，那些不打算加入实战俱乐部的人，就可以离开了。我先是感谢他们来听课，然后等待他们离开，但总会有一两个人要求留下来，因为他们想进一步确定自己是否要购买会员。

这时，我会绕着培训室走上一圈，对那些仍然未能做出决策的人使用温度计技巧（Thermometer technique，参见第十四章）。我会问，“你们要怎么才能下定决心？”如他们告诉我的那样，我尽最大能力满足了他们的需求，然后继续成交他们中的大多数人。

这些事件让我得出结论：你永远不能确定你的潜在客户会在何时决定购买。请记住：不同的人会在不同的时刻进行决策！

如果你愿意冒得到否定答复的风险，你会比过去听到更多的否定答复。但好消息是你也会得到同样多的肯定答复，并且你不会接受“我再考虑考虑”这样的答复。从此以后，你就可以和家人按照应有的方式尽情地享受周末时间了。

如果潜在客户已与你分享了痛点，而你也已确认潜在客户有钱消除痛点，那么你现在就得帮助潜在客户下定决心花钱消除痛点。这时不应畏缩不前，你已在痛点阶段花了半小时时间，并且花了 5 分钟去确定潜在客户的预算，因此现在请再花上关键的 5 分钟让潜在客户做出决策。

桑德拉销售小技巧

让潜在客户在整个销售过程中都感觉良好。

为了完成决策阶段，或者说为了完成任何其他阶段，你必须持续地让潜在客户在与你对话时感觉良好（通过建立和加固亲和信任关系），你必须让每一方都清楚接下来会发生什么及其原因（通过不断达成事先约定）。一般情况下，这意味着你必须要确保与潜在客户经常进行面对面的接触，而非只是通过彼此不能真实接触的电子邮件进行往来。

——DHM

一旦你抵达决策阶段，有必要在继续推进之前回顾痛点和预算阶段。请记住，潜在客户一直以来所受的教育都是要误导你。现在请花时间验证在与潜在客户交谈过程中你所认为正确的东西是否正确。你可以这样说：

“亨利，您希望我帮您消除（指出他的痛点），对吗?”如果潜在客户同意你说的话，那么你们之间的约定就得到了加强。如果潜在客户不同意你说的话，则重新进行澄清。你可能需要继续挖掘痛点。在你完全理解潜在客户的痛点之前，不要往下推进。请记住，双方之间不要存在模糊地带！

接着，请回顾预算阶段：

“亨利，您曾说过，假如我能帮您消除痛点，那么您的预算在1 000至2 000 美元之间，对吗?”

在往下推进之前，请确保潜在客户拥有相应的预算。

如果你的业务周期较长，需要多个销售拜访进行跟进，那么尤其有必要在每次新会谈之时与潜在客户验证你的推断。例如：

“玛丽，在上次谈话时，我们讨论了（痛点 1、痛点 2 和痛点 3）。对吧？自我上次见您之后，有没有出现任何其他问题?”

在下次讨论时，你可以说：“玛丽，在上次讨论时，我们不仅谈论了（指出她的痛点），还谈到您的预算大概在 95 000 至 140 000 美元之间，对吧?”

此举的目的是在每次接下来的讨论时回顾和确认痛点和预算阶段。现在，你已准备好应对决策阶段了。

桑德拉销售小技巧

新闻报道法。

你所掌握的有关潜在客户决策流程的信息是否通过了新闻报道测试？一则好的新闻报道包括以下信息：

事件

- 这一流程涉及什么？
- 具体步骤是什么？

- 他具体想听什么、期待什么？

时间

- 潜在客户何时想要或需要完成购买？
- 为满足任何实施及交付截止日期，必须要在何时做出决策？

方法

- 如何做出最终决策？
- 决策在该组织的什么地方做出（什么层级）？
- 决策是在什么地点做出的？

人物

- 决策流程涉及哪些人（每个人的角色是什么）？
- 谁能影响决策？
- 谁具有最终购买权？
- 谁具有否决权？

原因

- 潜在客户为何以这种方式决策？

——DHM

新闻报道法

通过提问以下问题，抓住潜在客户决策流程的核心。

就“事件”进行甄别

“吉姆，在进行这样的购买决策时，你们会采用什么样的决策流程？”

就“时间”进行甄别

“吉姆，您打算什么时候推进这一项目？”

如果潜在客户的时间表与你的时间表不匹配，请不要惊讶。他可能一个月后进行决策，而你想要今天就做出决策。他可能想要明天购买，但你 60 天内却交付不了。不管是哪种情况，你不妨立场坚定，直面问题。

就“方法”进行甄别

“假设您想要往下推进，会如何进行？您会下订单还是会直接给支票？或者您具体会怎么做？”

你不能两手空空去银行存钱，因此请找出潜在客户会怎么支付你。

就“人物”进行甄别

“吉姆，除您之外，还有哪些人会参与决策流程？”

这一问题中的关键措辞在于“除您之外还有哪些人”。这一措辞把潜在客户也列入了决策人的位置，这是一种技巧，让潜在客户感到自己有权力，而不管事实如何。务必要总是假定潜在客户也会参与决策流程，即便事实并非如此。

如果潜在客户告诉你他们可以单独决策，你就要注意了，务必要进行确认！潜在客户一直以来都会告诉销售人员他们能够决策，而事实上他们不能。潜在客户并不一定真正理解这种口头约定，因此以下技巧可助你探明真相：

潜在客户：没问题，我自己就可以决策。

销售人员：好的，这是否意味着您不必请示总裁、委员会或您的配偶？

这一礼貌的反向提问将会帮助潜在客户突然意识到：确实还有其他人参与决策流程。

潜在客户：哦，我的意思是我能做出最终决策，但我的手下也有机会表达自己的看法。

就“原因”进行提问

“吉姆，我很好奇，您为何选择这种决策流程？”

中间人决策技巧

现在是时候找出其他决策人是谁了。看看你是否能在进入方案展示步骤之前，把这些人都加入会谈中。考虑是否要另行安排会谈把这些人加入进来，如果不能把其他决策人加入进来，那么中间人决策技巧（Intermediate Decision-Making technique）将会非常有用。

首先要确认潜在客户会从你这里收集信息，然后会报告决策“委员会”。要乐于帮助潜在客户，但首先要问个问题：

“史密斯先生，我理解您不会单独进行决策，而您希望我能给您做方案展示，我也很乐意这样做。但请让我问个问题：在我为您做了方案展示之后，假如您能够决策，您是否愿意直接告诉我是否会购买我的产品（或服务）？”

你所做的是在心理上赋予潜在客户决策权——给出肯定或否定答复的权利。现在，可以开始做方案展示了，然后你说：

“史密斯先生，我们今天谈到了许多东西，但基于您所看到的，假如您能够决策，您是否会购买我的产品（或服务）？”

如果潜在客户说“不会”，那么你基本可以判断委员会也会说“不”。

如果潜在客户说“会”，那么现在你就有很大概率得到委员会的肯定答复。不过，不要太过指望委员会。

预演技巧

帮助潜在客户向决策者推介自己。实际上，你可以帮助潜在客户进行事先预演，从而指导他如何向委员会推销你的产品（或服务）。你必须要让潜在客户能够掌握委员会所需要的一切知识。因此，在潜在客户同意他会购买你的产品（或服务）之后，你就说："史密斯先生，我对此非常感激。委员会（可能是潜在客户的配偶、合伙人或一些其他人）将会就我的产品（或服务）向您提问题。基于您对委员会的了解，您认为他们会问什么类型的问题呢？"

你现在的工作就是尽可能多地向潜在客户讲授有关你产品或服务的知识，重新回顾痛点阶段可能出现的问题。你必须帮助潜在客户从委员会的角度看待痛点，因为痛点对不同的人是个见仁见智的问题。你还需要回顾钱的问题，不管你怎么做，务必不能让出现在委员会面前的潜在客户毫无准备。

当潜在客户面对委员会时，对你有利的一个暗藏的优势在于你把接力棒给了他。潜在客户已告诉你，如果他具有决策权，他就会购买你的产品或服务。只要这位潜在客户没有骗人，那他就是和你站在一边的。他怎么可能会先告诉你他会购买你的产品，然后又回来告诉你委员会说不买呢？他的自尊心会给他压力，推动最终决策向你倾斜。

如果没有事先约定好，就别责怪潜在客户做了让你不高兴的事

在你开始做方案展示之前，要事先告诉潜在客户：可以说"是"，也可以说"不"，但请不要说"我再考虑考虑"。

如果没有向潜在客户澄清这一点，那么当潜在客户做了那些你

没说不能做的事，你就不能责怪他。

如果你能确定潜在客户可以单独做出决策，那么你在决策阶段的最后应该这样问：

“吉娜，您今天可能会给我三种回复。您可能会说‘不’，当然，那意味着您对我的产品（或服务）没有兴趣，同时我也会感激您能接见我。另外，您也可能会说‘是’，那意味着您对我的产品（或服务）有一些兴趣，并且您希望看到我的方案展示，从而确定我的产品（或服务）是否能解决您的问题。或者，您也可能会给出类似‘我再考虑考虑’的回复。而我的建议是：您可以说‘是’，也可以说‘不’，但我不希望您对我说想要再考虑一下。这样可以吗？”

如果在决策阶段之前，潜在客户已同意给出“是”或“不”的回复，那么你只需此时回顾一下这一点即可。

如果说桑德拉潜水艇有一个必须时刻关注的阶段，那就是决策船舱。对于方案展示期间新出现的痛点，你总是可以现场加以处理，预算阶段有个几块钱的出入，你都可以处理掉。但如果你在决策阶段不能坚守立场，一味地迁就客户，那么你每次都会反受其害。

> 潜在客户：好，我确实想消除我的问题，钱不是问题，但我不想仓促决策。

潜在客户这是在告诉你：“我可以自己进行决策。”或许你忘了问潜在客户：“亨利，我知道您有能力做决策，但是您愿意做出决策吗？”务必要非常小心。要专业一点，要有耐心，用耳朵、眼睛、内心和直觉去倾听。

不要退缩！如果你临阵脱逃，那么你只能得到他们需要“再考虑考虑”的回复。这一切会对你造成很大压力，并让你少挣很多钱。

在继续往下推进之前，要力推潜在客户从速决策！

第十四章

履行约定，让潜在客户结束销售

记住，潜在客户对你并不感兴趣。潜在客户只对你如何帮助他们消除痛点感兴趣。

——大卫·桑德拉

随着你走过桑德拉潜水艇的各个船舱，你将与潜在客户建立起友好和谐、彼此认可的约定，尽管潜在客户可能意识不到这一点。让人激动的是，看起来销售进程一直都是由客户来掌控的，因此如果这一约定非常明确，他会毫不犹豫地敲定订单。

每一约定必须包含以下阶段：痛点、预算和决策。一旦潜水艇的这 3 个船舱关闭了，你所需要做的就是方案展示，或者说“履行”约定。然后，你就可以去银行存钱了！

履约是沟通的关键环节。它很直截了当，而且多数时候，你没有第二次机会。你做方案展示的方式可以决定你是否能拿下销售。不幸的是，许多销售人员一想到做方案展示就吓得心里发毛。为避免这种情况，我再三强调练习的重要性，一定要尽可能多地练习履约步骤。

一个好的方案展示者能让人心生尊重、信心和信赖，但即使是最机智的职业销售人员也很难办到。不过，桑德拉的方案展示法很容易理解掌握，一旦你掌握这种方法，你在履约阶段的表现就会如你销售的其他方面一样优秀。

以下步骤可助你成为一个职业的方案展示者。

精心准备

如果你在销售拜访期间一直都曾留心做笔记，那么你就掌握了要做好方案展示所需的大部分信息。但愿你对笔记做了梳理，尤其是潜在客户所暴露的痛点，那么你现在已经知道如何说服潜在客户达成交易了。

花点时间回顾一下潜在客户的痛点，并准备好针对每一痛点要讲些什么内容。不用担心如何在这些痛点之间建立逻辑联系，这些联系可能对你们之间的对话没有任何用处，只须确保你所要说的话与具体痛点息息相关。你此时不应再竖起新的障碍，从而影响销售的达成。不过，如果你在痛点阶段做得过于应付，那么你几乎可以肯定潜在客户将提出一些新的异议。

精心组织

像一部好的推理小说一样，方案展示应包括开始、中间部分和结束。不过，要注意时间安排，记住你有多长时间来做方案展示。如果你觉得时间不多，那就集中对待潜在客户表露出来的主要痛点，并尽可能简明扼要地呈现观点。

开　始

开始时先回顾你与潜在客户在之前各个阶段所得到的众多结论和看法。在往下推进之前，请确保你与潜在客户在以下方面有完全的共识：痛点、预算和决策。例如：

“约翰，您曾对我表示，您业务中的主要问题在于难以获得足够的优质客户。您曾说，事实上您需要每个月寻找一个新的客户才能实现您在商业计划中为自己所制定的目标。对吗?”

如果约翰不说“对”，那么你就不能往下推进，因为你很明显没看到他的主要问题——他的主要痛点，或者说他以某种方式误导了你。因此，请现在就加以澄清。

假设约翰说“对”，那你就这样说：

“好，约翰，您还对我表示，您今年设定了 5 000 美元的预算来解决这一问题，尽管您还说过您不知道解决方案可能是什么样子。您曾说您可能用这笔钱雇人帮您寻找更多客户，或者您可能用它参加销售和励志讲座。这没错，是吧？”

如果这次约翰仍不说“对，是这样的”，那你就需要找出究竟什么是对的，然后再往下继续。

“约翰，您还对我表示，您预算的 5 000 美元中有一半在您的往来账户中，有一半在信用卡中，并且您说卡就带在身上，对吗？”

如果约翰说“对”，那你就继续说：

“我还问过您在解决这一问题时会以什么方式决策，您告诉我您是唯一的决策者，您不需要在决策时与其他人商讨。并且我们曾约定，您既可以对我说‘不’，也可以对我说‘是’，对吧？但我们不想花了这么长时间之后得出一个‘我再考虑考虑’的结论，那样的结论是不可接受的。换句话说，您今天就会做出决策，我说得对吗？”

要注意！像许多潜在客户一样，约翰可能并不真正理解对销售人员做出承诺意味着什么。即使他曾对看起来不错的事先约定表示同意，但他认为他有权改变主意，毕竟，他所面对的只是一个销售人员。因此如果你对约翰的承诺存在任何疑问，务必再次确认：

“约翰，我不想在花了很长时间之后，然后您说还有其他人要参与决策，或者您需要再考虑一下。关于这点是明确的吗？”你可能是施加了一些压力，但现在说出来总比在方案展示之后一无所获要好得多。

一旦你与潜在客户就这一口头约定达成一致，你就可以往下继续方案展示的中间部分。如果在潜在客户未能清楚理解你的约定之前便往下推进，这样做将是个致命错误。

方案展示阶段需避免的 4 个错误

这 4 个致命错误将导致方案展示阶段失败。要力图避免它们！

（1）没有在方案展示之前回顾与潜在客户之间的约定。

（2）没有找出潜在客户的痛点。

（3）没有澄清钱的问题。

（4）没有在决策方面得到潜在客户的同意。

中间部分

现在是时候谈论产品或服务的特性和优点了，借用这些特性和优点让潜在客户理解你能解决他的痛点。开始展示你的产品知识——这是你的展示和讲述时刻。向潜在客户展示与其所表露痛点有关的产品或服务知识，讲述与之有关的一切。此时请尽量少地使用桑德拉技巧，因为现在没有太多必要使用反向提问等技巧。不过，如果你的产品或服务包含与潜在客户痛点不太相关的花哨功能，请使用“傻子曲线”技巧介绍它们。没有必要谈论不相关的特性或优点——这样做可能适得其反。潜在客户不会对你说他们不舒服，相反，他们将会对你说“不”。请记住，人们希望感觉良好。

如果可能，让潜在客户有机会触摸你的产品，触摸有助于让潜在客户体验拥有感。如果产品很复杂，那么你应该找机会让潜在客户进行试操作。

如果你要展示多个痛点，先展示最让潜在客户感到烦扰的痛点，这样做有可能使你无须做完整个方案展示。解决了潜在客户的最大问题，他可能不大关心其他事情。请记住，你不必做完整个方案展示，你的目标是拿到订单，而不是最佳方案展示奖。

注意：由于缺乏准备和重点，销售人员往往会在方案展示的中间部分瞎扯，你应该避免这种情况发生。你已在方案展示的开始环节定下了方案展示的基调，要坚持到底。不要提出新的问题，不要飘忽不定，要与潜在客户保持眼神接触，尽可能地多说，但要明了、简单、直接。要掌控局面，不能被方案展示冲昏头脑、陶醉其中。

请记住，潜在客户对你并不感兴趣。潜在客户只对你如何帮助他们消除痛点感兴趣。要想对此保持高度关注，请想象成你看到潜在客户脑门儿上印着“这对我有什么好处”这一问题。

顺便说一下，在方案展示时可以运用幽默感，但幽默有很多标准，对你来说好笑的东西可能对潜在客户来说并不好笑。除非你确定潜在客户认同你的幽默感，否则最好不要运用幽默感。如果幽默感运用不恰当，可能会导致销售失败。

一旦进入方案展示的中间部分，要立即让潜在客户参与进来，使用你之前所学到的反向提问技巧让潜在客户加入谈话。一旦潜在客户打断你或回复你，停下来，此时不要说话。你已知道自己要说什么，而知道潜在客户心里在想什么更加重要。或许你会发现销售已达成，而你无须继续方案展示。顺便提一句，潜在客户打断你并不一定是表现在口头上。要注意身体语言，摇头、交叉双臂或视线离开你都可能有着重要意义，停顿一下，让潜在客户有机会讲话。

桑德拉销售小技巧

不要害怕中止方案展示！

如果你怀疑潜在客户对你不真诚，或者你认为潜在客户在搪塞你（如要求你将方案展示通过电子邮件发送给本应到场做决策的人），只需中止方案展示。

“萨拉，听了您说的话，我认为没有意义再继续下去了。”然后整理资料准备离开。如果这是萨拉所希望的，她会让你离去。这种情况下，你最好去寻找下一个真正的潜在客户。

如果你发现你的方案展示没有起到应有效果，不管是出于何等原因，请立即中止。不行就换个潜在客户！

——DHM

如果潜在客户问你一个问题，不要为了争取时间而重复这个问题。我的祖父就经常使用这一把戏。

我会问他：“祖父，2 加 2 是多少？”

“2 加 2 是多少？这是个好问题。答案是 2 加 2 等于 4。”

我那时还是个孩子，没认识到祖父所用的方法。尽管他只是个没受过教育的村夫，但他知道如何在需要时为自己争取时间。然而，在潜在客户面前，这一方法太明显了，因此请不要使用它。如果你被问到一个问题，而你不能立即给出答案，不要做出响应。老老实实地暗中思考一下，不管你接下来说什么，都要比重复潜在客户的问题要好。方案展示的中间部分要求耐心和细心，急匆匆穿过这一船舱，而非认真倾听和等待，总是会导致销售失败。

结　束

尽管较为明智的做法是在方案展示阶段不要太过急促，但有必要尽可能快地结束并仍然拿到订单。你越快地成功关闭这一船舱，你就能越快拿到订单。不过，辨识何时结束方案展示并不容易。

我们假设你在方案展示时有五个痛点需要解决。你在开始时先阐述最令潜在客户感到烦扰的痛点，并解释了你的产品或体系会如何解决这一问题。然后你说：

“约翰，您是否 100% 相信我的服务将解决这一问题?”

你必须让约翰说“是”，否则他就可能在之后反悔。不要施加压力，而是要慢慢地找出是什么让约翰不认为你的服务能解决他的问题。在得到他的完全同意之前，你只能卡在这里。因此，请给他时间提出异议。如果你在潜水艇的痛点船舱所做的工作非常彻底，并且约翰在那一船舱没有误导你，那他现在本不应提出任何问题。但请让他开口说话，然后使用特性和优点来说服他你能解决他的问题。

一旦约翰说他 100% 同意了，那你再以同样的方式解决他的第二个和第三个痛点。

温度计技巧

不过，在你就更多痛点展开讨论之前，请使用温度计技巧，它可以帮助你评测潜在客户在多大程度上接受了你。如下：

“约翰，到现在为止，我们已谈了很多东西，我还有更多东西要展示给您，但请给我打个分吧，0 分代表您对我的服务毫无兴趣，10 分代表您已经决定购买我的服务。”

如果他说会打 10 分，那就没有必要继续进行方案展示了。痛点四和五无关紧要，交易已达成！

如果潜在客户打分低于 6 分，那你就有问题了。在目前的情形下，约翰已对你说了 3 次“是”。他已 3 次 100% 同意你。那么为何他的评分还不到 6 分？是你推进得太快了吗？你是否想当然地认为他已经 100% 同意了？要想找出哪里出问题了，那就问他。

“约翰，基于您之前的言论，我不太理解您为何会打 4 分。您能帮我理一下思路吗？”

不管接下来约翰会说什么，都会揭露更深层次的痛点、新的痛点，或者是你在方案展示阶段未能解决的痛点。要有耐心，认真倾听，并且重新开始这一过程。

在方案展示的这一阶段，潜在客户多数时候会给出 6 分以上的分数。这种情况下，你就说：

“约翰，您需要看到什么才能打出 10 分？”

然后，他需要看什么，你就给他展示什么，不要多也不要少。在你向他展示完之后，再次运用温度计技巧：

“约翰，您现在会打几分？”

可以肯定他会打出更高分，最终他会给出 10 分。现在很关键，一旦潜在客户给出 10 分，不要使用如“咱们现在就签订合同吗”之类的过时传统技巧，相反，只需问一个问题：

“那您现在希望我怎么配合？”

瞧瞧你刚刚做了什么？你把压力给了潜在客户，压力本就应属于潜在客户。让潜在客户结束销售，这样做能让潜在客户保持控制权，他永远不会指责你强买强卖。

这很令人兴奋，不是吗？

金钱障碍

方案展示阶段还经常会出现其他问题，那就是金钱问题！有时潜在客户买不起你所提供的产品或服务，尽管他们在预算阶段并未明确提出这一点。如果你怀疑会出现这种情况，不管是出于何种原因，请结束你的产品展示，让潜在客户同意你的产品或服务能提供必要的解决方案，但是之后不要使用温度计技巧，而是要使用以下方法：

“约翰，之前我们共同约定您为该服务所制定的预算为 5 000 美元。如果我记得没错，您说其中 2 500 美元在往来账户中，而另外 2 500美元则可以从信用卡中支取，我相信您说的话。现在，X 服务可以解决您的全部问题，这需要您投入 4 700 美元，或者如果您可以忍受其中的某些问题，您可以购买 Y 服务，只需您投资 3 500 美元。您感觉哪一些服务是可以取消的，又或者是您愿意选择一流的服务，即 X 服务？

如果约翰选择 X 或 Y 服务，那方案展示阶段就胜利结束了！

桑德拉销售小技巧

没有差劲的潜在客户，只有差劲的销售人员。

如果你一路走来，来到方案展示阶段，而又不知何故最终未能拿到交易，那一定是你在之前的过程中遗漏了什么。不要把自己想象成受害者，不要给失败找借口。不要把失败归结到潜在客户头上，不要责怪自己的团队，不要责怪你的展示软件或是网站，不要患上“那人不会从任何人处购买”综合征。你要承担全部责任。不管你与潜在客户或客户之间发生了什么，不管是成功还是失败，都是你自己造成的。你永远控制不了另一方，你所能控制的就是你自己的态度、行为和技巧。

——DHM

恭喜！你正走在赚钱的道路上，但不要操之过急，在销售完成之前，还有一个船舱需要关闭。

第十五章

做好后售，别让煮熟的鸭子飞了

只有当你拿到订单、收到支票、存进银行、支票付讫时，才算是完成了销售。

——大卫·桑德拉

在职业销售过程的这一时刻，没有什么能比你现在的感觉更好了！你发现一个可能的潜在客户，把他转变成了潜在客户，熟练地引导他通过桑德拉潜水艇的各个船舱，你达成了销售，他现在成了你的新客户，你就坐在他的面前。对于从事销售的人来说，没有什么比这一刻的感受更好，不是吗？

因此，接下来会发生什么？

如果你是一名传统销售人员，那么你会闭嘴离开。传统销售培训师一直以来受到的教导就是，一旦你拿到订单，就不要再多说一个字，你有可能让这位新客户改变主意！交易已达成，不要冒多说话导致销售失败的风险。拿着你的合同，整理你的资料，然后离开，别忘了临走时与新客户握手。

急什么？

好吧，传统销售人员的夸张表演总会充斥着一些释放压力、分散潜在客户注意力的滑稽元素，多数都有些强卖的味道。因此，传统销售人员必须快速离开。潜在客户即将回归理智，一旦他回归理智，就有可能反悔了。传统销售人员认为，如果快速离开现场，潜在客户看不到他，就不会去想他。新客户会开始新的项目，并忘掉刚签署的合同。同时，传统销售人员会回到办公室处理这一订单，他自豪地对办公室的每个人说：“又拿到一个订单。”

不幸的是，传统销售人员低估了买家的反悔能力，而这常常导致销售失败。潜在客户早晚会重新思考他刚签署的合同，如果他认为自己被操纵了，他几乎肯定会取消订单。有的潜在客户仅仅因为方案展示不能说服他们就会开始打退堂鼓。于是，就在传统销售人员欣喜得要去银行存这位新客户的支票时，他接到了一个电话，他不敢相信新客户会对他说："这个订单再等一等，我这边出现了一些小问题，需要先解决一下。几个星期后再打电话给我吧。"

对销售人员来说，没有什么比看着潜在客户签合同的感觉更好了，也没有什么能比合同墨迹未干，单子就丢了的感觉更糟糕了！你肯定不想带着签好的合同回到办公室时，却发现有语音信息或电子邮件说你的新客户已改变心意。

通过第三方故事表达你的感受

你是否曾经虽然达成了销售，但仍对那次销售拜访感到不满意？你的新客户说了"是"，但你感到某些地方有问题，而你又害怕把它说出来。你很有可能在之后丢掉这个订单，让你感到不满意的地方极有可能也会困扰着你的客户，一旦你离开之后，买家开始反悔，销售就会失败。

那为何不在下次销售拜访感到不满意时直接把问题提出来呢？在你还有机会拯救这一订单时，尝试着直面问题吧。

如果你觉得在这种情况下直接提出问题有点困难，那可以尝试借用第三方故事。例如，假设潜在客户就产品价格向你施压，但仍说了"是"。与其为自己辩解，你不如把自己的感受告诉潜在客户，就像这样：

"乔治，就在上星期我与一个客户打交道时，我真的感觉很不舒服。当时情况是这样的：尽管客户同意了约定的条件，但当我回到办公室时，他却改变了心意，他取消了订单。那真的让我很不舒服。如果这次我会去为您争取到这个价格，我们之间不会出现那种情况，对吗，乔治？"

试一下，看看这一技巧是否有用。

桑德拉销售小技巧

不要明天买回今天卖出去的产品或服务。

你得到了肯定答复，那很棒。与其在潜在客户改变心意之前冲回办公室处理订单，不如在达成协议之前、你们两人还在谈话时，让他有机会打退堂鼓。确保客户真的对你的销售过程毫无异议，从而不会在你不在场的情况下，单独做出任何改变交易的决定。

对于桑德拉的新学员来说，这是他们最想避免的一个步骤。然而，略过这一步骤的销售人员极有可能会从新客户处收到一封唐突无礼的电子邮件，称“出了些新问题”，而这个“新问题”往往会使销售延期或搁置。如果你不想收到这种电子邮件——有谁会想呢，那就完成桑德拉潜水艇的这一船舱。如果你让人有机会改变心意并在说过“是”之后再次与你畅谈，他们会回顾和反思，然后他们会坚定往下推进的想法。之后，他们就不太会改变心意了。

事实是，每个人都会遭遇买家的反悔，但桑德拉销售体系的不同之处在于：我们主动让客户在与我们对话时就有机会反悔。

——DHM

桑德拉潜水艇的后售船舱旨在助你避免买家的反悔。你制止不了买家反悔，因为这是一个自然现象，几乎所有人在购买重要物品时都曾有过反悔的经历。不过，你总是可以借助一些技巧来避免遭遇买家的反悔。

如果你使用了我之前在本书中所描述的技巧，一步步引导潜在客户签署销售协议，那么你早就开始保护自己免遭买家的反悔了。我们一起看一下使用桑德拉销售体系会发生什么：

潜在客户在整个销售过程中，从开始到结束，都感到一切处于控制之中。

潜在客户决定买或者不买，中间没有任何压力。

潜在客户拥有决定权。

因此，潜在客户没有必要逃避。

潜在客户是否仍有可能会反悔？当然。但现在你可以使用一些技巧避免这种情况，当你还没离开时让这位新客户有机会反悔。如果销售中存在任何问题，请在你还在现场有机会解决问题的时候，再核查一遍。

你应该这样做。

1. **结束销售**。竭尽全力拿到订单，让潜在客户签署协议，给新客户一份协议副本，填写订购单或者拿到支票，确定交付日期，明确所有细节。

2. **感谢新客户签署订单**。“史蒂夫，我很感激您能签署订单，我想让您知道，我们所谈论过的一切都会如我所说的那样得到处理。”然后握手。

3. **故意提出销售过程中出现的你们双方同意的某种折中方案**。开场白如下：

“史蒂夫，在我离开之前，在我们的谈话中双方同意的一些事情上，还有一些东西让我感觉有一点点不确定。”

现在，阐明这一折中方案。例如：

“您最初想要 XYZ 的电脑配置，后来经过讨论您同意兼有 XYZ 和 ABC 配置会更好，因为您的公司中有许多不一样的终端用户……”

然后用以下方式结束：

“史蒂夫，我提出这一问题，是因为我不想在我今天离开之后，让您因这一原因而打电话取消订单。您不会因为我们协商所做的调整而取消订单是吗，史蒂夫？”

至于你提出哪种折中方案，倒不太重要，重要的是你让潜在客户在你还没离开的时候有机会打退堂鼓。潜在客户几乎总是会同意这种折中方案。但如果潜在客户出于某种原因而感到不满意，现在是时间把它找出来，你仍然可以解决它！

即使潜在客户在你离开之后想反悔，但由于你曾给他机会打退堂鼓，他也极有可能因此原因而不会取消订单。

以下是运用后售步骤的另一方式。

将刚签署的协议递给史蒂夫并说："史蒂夫，您现在是否知道这是什么？"

史蒂夫会说："当然，这是我刚与你签署的协议。"

你接着说："史蒂夫，它不仅是我们之间的协议，它还是针对您的（痛点 1、痛点 2 和痛点 3）的解决方案。史蒂夫，如果您有任何疑问，请现在提出来一起讨论。（停顿）如果没有，那就意味着我们往下推进，您不会在稍后告诉我您改变了心意。这样没问题吧？"

即使潜在客户在你离开之后想反悔，但由于你曾给他机会打退堂鼓，他也极有可能因此原因而不会取消订单。当潜在客户想要反悔时，你的后售阶段就会起到应有的作用。

潜在客户在想要反悔时会思考："嗯，我在想我所做的决策是否正确。我是否应该把杰瑞叫回来，把这一决定再延迟几周时间？好吧，我已说了我不会取消订单，并且，公司现在需要新的系统，我说了我要往下推进，我会这样做的。"

销售已是板上钉钉。你做了桑德拉销售体系要求你应做的一切。

练习、练习、再练习

我已把一套全新的、行之有效的销售体系的各个步骤教给你了，如今全球有上万人在使用这一销售系统。你已学会如何关闭桑德拉潜水艇的各个船舱，运用你在本书中所学到的技巧，将帮助你在销售这一职业生涯上顺风顺水。没有人能让你的销售遭遇失败，除你自己之外。

记住：仅靠培训会是不可能教会小孩子骑自行车的！还需要练习。你必须不断尝试和摔倒，站起来继续尝试，一次次地重复这一过程。然后突然之间系统就起作用了，你将永远地拥有它。事实上，当你最后运用这一系统时，你会忘掉自己曾在本书中阅读过它，那时，这套系统就属于你了。

要想更快地拥有这一系统，那就尽可能多地练习它。我建议你与他人一起练习。与一群人一起参加强化训练是一个令人激动的方式，可助你更好、更快地磨炼销售技能。在全球的各个社区，一群群的职业销售人员每周会面一起练习桑德拉销售体系，有关你所在地区的学习群组信息，请访问 www. sandlerchina. cn。

现在你需要记住的唯一原则很简单，那就是：只有当你拿到订单、收到支票、存进银行且支票付讫时，才算是完成了销售！

桑德拉销售小技巧

桑德拉企业销售（Sandler Enterprise Selling）。

如果潜在客户所在组织拥有多个部门、多个分支及多个决策者，这种情况对销售人员而言非常有挑战性。在传统销售环境中，销售周期通常较短，决策过程较为直接，事实证明桑德拉潜水艇对于这种销售场景而言是成功的模式。这一模式以建立亲和信任关系开始，以后售结束。但在较为复杂的销售场景中，会存在许多额外的变数。

面对这些复杂的客户，销售周期会比较长，买家关系网庞大且多元化。决策过程涉及多个团队的人。由于在与潜在客户打交道时更讲策略，我们在竞争过程中往往要老练得多，这时对买家所在组织本身的了解将成为非常重要的财富。在这样的背景下，团队销售是非常重要的生存技巧。这种情况下，回报要更为丰厚，但风险也会更大，形势会千变万化。当你从事这种类型的销售时，你必须要有一套清晰的流程，以确保你所接洽交易的成功概率较高，确保你总是能就继续还是退出一项特定交易，做出优质、富有战略性的合理决策。这是企业大客户的世界。

面对企业大客户，在亲和信任阶段之前，以及后售阶段之后，必须要做许多事。在这两个阶段之间，有许多因素会使潜水艇的各个船舱难以应对。服务老客户以及扩大关系网成了主要问题，也成了改变游戏规则的机会。

桑德拉企业销售（简称SES）是一套灵活的课程，它涵盖了桑德拉潜水艇的所有要素，旨在解决面向复杂大客户的销售团队的特殊需求。

——DHM

第十六章

要想成功　全面发展

技巧很重要，但态度和行为同样重要，学会以适当态度和行为运用这些技巧的销售人员才能更频繁地去银行存钱。

——大卫·桑德拉

在本书的第一章，我曾告诉你如何掌握职业销售的艺术。

我写道："你需要学习一套系统，你需要掌握一些技巧，但不是那些传统销售技巧。你需要得到持续的支持，不是一两天，而是数月，甚至数年。"

之后我阐释了桑德拉潜水艇销售系统，一种如今已有数十万人在使用的非传统销售方法。

我还展示了我们自己公司所创建的技巧，如能妥当运用这些技巧，将会使桑德拉潜水艇销售系统有效且有趣！

最重要的是，这些技巧能让你挣到更多钱。

此外，我还敦促你练习这些技巧，我建议你寻求支持和辅导项目。一旦你掌握这些技巧，你就能在销售人员与潜在客户之间的销售舞步中占据优势。

不过，我在第一章还说："要成为职业销售人员，需要你改变自己的行为，改变数个世纪以来深植于销售人员和潜在客户心中的成见。"因此，桑德拉销售体系还有一个重要部分。如果你下定决心要掌握这套体系，本章中的信息将能够加速你的学习曲线，帮助你拥有这套体系。在这之后，我向你承诺，你一定能实现你作为职业销售人员想要实现的成功。

制定目标的 9 大原因

制定目标：

1. 可用来提升你的本体价值；

2. 可用来提升你的角色价值；

3. 让你了解自己的长处（从而使你可以更好地为克服障碍和提供解决方案做准备）；

4. 指出自己的短处（从而让你开始制定目标改进这些短处，并将其转化为长处）；

5. 帮助你实现目标，进而激励你向着新目标前进；

6. 让你有径可循；

7. 促使你制定事项优先级，进而为你的职业建立方向；

8. 区分现实与不切实际的想法，不再做白日梦；

9. 让你对自己的人生负责，因为它会迫使你定义和建立自己的价值体系。

单凭技巧培训并不能造就成功的销售人员。

让我问你一个问题：你在实际的买家—卖家情境中有多有效？

读过本书后，你可能会说，凭借你刚学会的这些技巧，你在将来的销售中肯定能变得前所未有地有效。我同意你，至少短时间而言是这样。不过，单凭技巧培训并不能造就成功的销售人员。技巧很重要，但态度和行为同样重要，学会以适当态度和行为运用这些技巧的销售人员才能更频繁地去银行存钱。

激励并不等于喊口号

传统销售培训师在谈论激励时，往往会大叫大嚷、上蹿下跳。他们的目的就是让每个听众激动地喊出一些看似激励人心的虚张声势的口号。

当然，这并不能起作用。听众可能会在前一两天内变得兴奋，但那股兴奋劲儿很快就消失不见，然后一切照旧就像从未发生过一样。

激励并非什么神秘的打气课程。

> 激励是能在当前看到你想要的未来的能力；将计划落在实处；知晓实现目标所需付出的代价；然后一天一天扎实地向着目标前进。

除非你知道目的地，否则这些人尽皆知，但只是包裹在空洞积极之中的“心灵鸡汤”不会激励你走出多远。只有真正的激励才能做到这些。

你想成为顶级职业销售人员吗？我会鼓励你攻克以下 3 个要素：态度、行为和技巧。如果你能熟练掌握这 3 个要素，销售过程将如你所愿，受你掌控。

现在来看下面的图 16.1，它包括四个三角形。你会注意到，成功三角形与其他 3 个分别叫作态度、行为和技巧的三角形相连接，同时和成功三角形一样，这些三角形又彼此依赖。简单易懂，是吗？

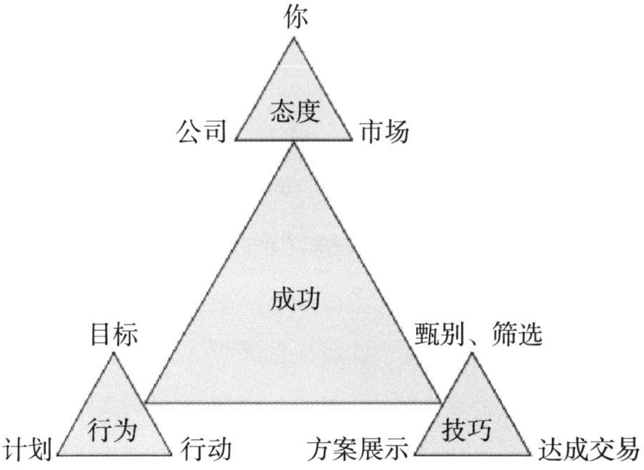

图 16.1　成功三角形

事实上，这些三角形的关系清晰地描述了我们公司有关成功销售的知识。这些年来，我们已对上万名销售人员进行了测试，并根据其在每个三角形的得分对其销售能力进行了测评。（有关测试及鉴定程序的更多信息，请访问 www. sandlerchina. cn）

或许图 16. 1 中的三角形能帮你理解：为何单靠技巧培训并不能让你征服销售这一职业。如你所能看到的，技巧三角形只是支撑成功三角形的 3 个三角形之一。如果仔细观察，你会发现，你已学会与技巧三角形相关的知识。在本书前面的部分，你已阅读过有关傻子曲线、反向提问以及消极反向销售的策略。你学过如何判断潜在客户是否具备决策能力和财力，如何进行方案展示，以及如何结束销售。你阅读过有关面对面沟通以及在线沟通的问题。

你能够从这些三角形中发现，所有问题和技能都是彼此关联的。技巧三角形的效能会受到其他三角形的影响，其他任何一个三角形表现不好，都会破坏技巧三角形的效能。会造成什么结果？全面的失败，或者至少是不能让人满意的结果。

同时，技巧三角形的完美表现也不能确保职业销售过程的全面成功，除非你在行为和态度三角形方面同样表现完美。

勇气是一个有关行动的词汇

勇气与冒险无关，与踏上新的旅程无关。

勇气的要义在于行动。勇气要求你依赖自律、热情和直觉来直面所从事职业中让你感觉不舒服的艰难险阻。

除非潜在客户的否定让你感到烦扰，否则接受否定算不上是有勇气。如果谈钱让你感到难堪，那么谈钱才算是有勇气。如果探寻谁是真正的决策者对你不是什么难事，那么探寻决策者就算不上是有勇气。

从一群销售人员中找出超级销售人员是很容易的事，将他们置于舞台中心，对他们的销售表现表达敬意，因为他们的销售表现对我们来说惊人的好。难道这些超级销售人员有着我们其他人所不知道的超常勇气？估计不是。以过去的经验、知识和痛苦来看，这些超级销售人员在过去找到了勇气，如今他们已不再需要勇气。

勇气属于那些内心存在惧怕的销售人员。在夜晚最黑暗的时刻，坐在床头，重复着每天都要做的，继续坚守在销售行业的决定，积攒力量，直面明天，下定决心要克服内心的恐惧……这需要勇气。

多么惭愧啊，我们有时被恐惧支配，看不到自己身上可以带领自己冲向新高度的最好的品质……这一最好的品质就是勇气。

如果这些三角形能够协同增效，那就能创造成果。要想成为超级销售人员，必须要考虑到所有的要素。对于有些要素来说，可能要花费更多时间来掌握。同样的，有些问题或技能可能较为容易就能达到完美程度。但超级销售人员知道：要想在销售这一职业上获取成功，必须熟练掌握所有要素。

如果销售是一个机械过程，那我们就可以只关注技巧培训。在那种情况下，你在本章之前阅读过的技巧已足够帮助你在销售上获取成功。不过，这样的话，你也需要面对众多竞争对手，并且同样也是优秀的竞争对手，因为技巧很容易学。任何能够掌握反向提问、傻子曲线、消极反向销售等技巧的人，都能在销售上取得成功。

但实际情况并非如此，因为销售并非是机械的，而是抽象的。在销售方面，风格比内容更为重要；因此，如果只懂技巧而不知其中的奥妙，只能在短期内产生效益。根据我们公司的经验，我们得出结论：技巧和个性共同打造出了超级销售人员。因此，你有必要将桑德拉销售体系的这些技巧与你自己的个性融合在一起。围绕态度和行为三角形的讨论能够更清楚地阐释这一主题。

要学会自我激励

大功率跑车力道强劲，但如果没人启动它，它也走不了一步。

如果没人触发宽体客机的大功率引擎，它就无法带动飞机离开地面。

一辆开动的火车头能撞穿 3 米厚的砖墙，但如果没人发动引擎，它也移动不了半步。

机器不能自行启动，但人可以！

很多人都无所事事，等待着外界激励，就好像某些化学反应能促使他们开展行动一样。能够自我激励的人却不会这样做，他们向着目标前进，他们知道自己所需要的激励就在目标之中。

如果你不认为自己“能做好”，那么任何东西都不能让你动起来。还记得牛顿定律吗？移动的物体总会保持移动；静止的物体则会保持静止。你对激励想得越多，你就越不大可能得到激励。

机器不能自行启动，但人可以！

能够自我激励的人知道：从来都没有那么一个“合适的”开始时机。不管他们在任何特定时刻感受如何，他们下一刻的感受取决于他们所采取的行动。

如果你设定了值得去追求的目标，也制订了行动计划，那么你可以在任何时候将计划付诸行动，方法很简单，只需你行动起来。是你的行动决定了你的感受，你的感受并不能决定你的行动。

不要因等待“合适”时机而浪费了宝贵时间，要学会自我激励！

态度有多重要

态度三角形位于成功三角形的顶部，因为态度比影响成功的所有其他因素都要重要。我敢肯定，你的表现与自我认知是一致的。你的心态，或者你的世界观，决定着你的行为，决定着你如何使用技巧和策略以及如何采取行动，正是这些东西决定了你是否能取得人生的成功。不管你身在何处，你的世界观是持续不变的。例如，如果你是公司中最高效的人，那么即使你明天辞职了，不管你去哪里，你仍能在新工作中达到顶峰。你与其他人受着相同的培训，销售同样的产品或服务，拥有同样的销售线索，但你的表现会超过多数人，仅仅因为你的态度比他们好。太可怕了，结果已经预知！态度决定结果，成功或是失败。

态度会始终伴随着一个人，不像疾病那样来来去去，态度始终存在。即使是在睡眠时，态度也会反映在梦境中。不过，当我们早上醒来时，态度就会启动起来，开始控制你的整个白天。

什么能激励你

选择一个比你过往成绩要高得多的收入或销售目标，并将其写在卡片上。

接下来，仔细看着你为自己设定的目标，思考你有多大可能实现目标并记下来。换句话说，你实现目标的概率是 10%，还是 90%（不要愚弄自己，无须做出不切实际的决定。以我的经验来看，实现目标的实际概率为 10% ~25%）？

关于你的目标，我现在可以告诉你两点：

（1）你为自己制定的目标是可以实现的；

（2）你是可以 100% 实现这一目标的。

举个例子。

有人刚告诉你：一个恐怖组织劫持了一个对你来说非常重要的人——你的配偶、父母或者孩子。这些恐怖分子对你说：要想再次见到你被劫持的亲人，唯一的途径就是实现你在以上卡片中所记下的目标。

你有 30 天的时间。现在，你怎么做？

你会在 5 点钟就结束一天的工作吗？

你会想办法去找寻决策者吗？

你会接受“我想要再考虑一下”的答复吗？

你会需要激励教材吗？

你不去探寻潜在客户的痛点吗？

你不与潜在客户进行事先约定吗？

你晚上还睡觉吗？

你能不实现目标吗？

毫无疑问，在这种情况下，你会不惜一切代价去实现目标。

那么这个练习对你有什么启示呢？唯一的启示就是：你总是有能力实现目标，但迄今为止，你付出的代价还不够！

你有能力胜任工作，你所缺乏的是竭尽全力的动力。

现在，只留一个问题，很简单：什么能激励你？

想办法让自己感受成功的滋味

还能记得今天醒来的第一个想法吗？即使你不记得了，我也要假设你们中多数人没有在黎明之前醒来并对着卧室宣告：“新的美好的一天来了，我要成为胜者，我要先冲个澡来开始美好的一天！”在黎明来临前的一个小时做出这样的宣告，听起来太过激情，不是吗？

事实上，我们公司的一个顶级连锁经营负责人就能做到这一点，他每年的销售业绩超过 100 万美元，他每天黎明之前就起床，还会冲个冷水澡。为什么呢？他说他这样做是因为冷水澡能让他清醒。不过，他还说洗冷水澡是胜利的象征。他说，他可以“临阵脱逃”去洗一个舒服的热水澡，或者他也可以洗个冷水澡，迅速成为人生赢家。

为何这样做很重要？

因为他知道，只要他自己认为自己是胜者，就足够激励他自己去追寻胜利！

这很激动人心！我们不必获胜后才去继续追寻胜利，我们只需认为自己是胜者……这种感受将激励我们前进和获胜。

如果你想要掌控自己的积极态度，那就想办法让自己感受成功的滋味。每一天、每一刻，都要寻找获胜的机会，即使是微小的胜利也行。如果黎明之前洗冷水澡对你来说是一个胜利，那就行动起来！要养成习惯，认为自己是个胜者。将本体与角色区分开来，保护你的态度。

你能改掉恶劣态度

你必须要每天早上洗个冷水澡才能称为超级销售人员吗？当然不是。但如果你在一天之初不能感受到你已准备好获胜，或不能感受到你将要获胜，这足以毁掉你的整个白天。有多少人会在早上起床时对自己说这样的话：“唉，当一天和尚，撞一天钟，又要去工作了。”凭着这种态度，这样的一天注定会乏善可陈！

请多活一点时间

有个练习可以助你得到激励，我把它称为生命线。

1. 在一张纸的顶端画一条水平线。

2. 在线的左边缘写上字母 B，在线的右边缘写上字母 D。现在，你的生命线如下所示：

3. 在 B 上方写上你的出生年份。

4. 下一个任务有点非同寻常，但请花点时间遵从指示：在 D 上方写上你的死亡年份。当然，你不可能知道自己的死亡年份，但请猜一下，或许你已想好在哪年死去。请把这一年份写在 D 上方。

5. 现在，在生命线上找到你的当前年龄，并用 P 进行标记。P 应按照比例放在适当的位置。例如，如果你计划活到 100 岁，你现在 50 岁，那么就将 P 放在生命线的正中间。此时，生命线将如下所示：

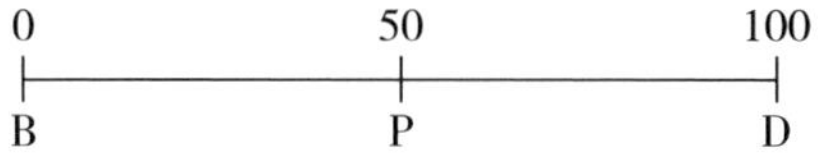

6. 在生命线上用 R 标出你的退休年龄。退休并不一定是指你将停止工作，退休指的是，如果你愿意，你可以在那个年龄停止工作。因此，如果你现在 50 岁并打算活到 100 岁，但你将在 75 岁退休，那么你可以将 R 放在生命线的 3/4 处。现在，生命线如下所示：

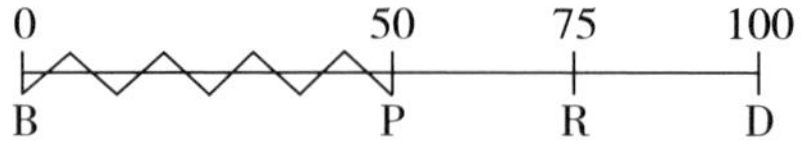

7. 在 B 到 P 之间画上波浪线，这是你的过往。现在，这些岁月代表着你的经历，已成过去。

现在，开始谈剩余的生命，即从 P 到 D。有一句知名警句是这样说的："今天是你剩余生命的第一天。"现在你已画了生命线，它对你来说再真实不过。

对了，不管你在 D 上方所写的死亡年份是多少，擦掉它。另外再添加 10 年时间。这是你的选择，因此请多活一点时间！

在画完生命线之后，我建议你清点一下自己现在的人生。在一张白纸上画出多个纵列，为每一列写上标题：工作、家庭、精神、财务、自我、健康、社交和教育。在每一个标题下方简短地注明你的当前状态。

现在，再拿一张纸，画出同样的纵列并写上同样的标题，同时注明你希望在生命线上 P 到 R 期间达成的目标。从现在到你退休之前，你想在工作、家庭、精神、财务等方面实现什么目标？

再拿出第三张纸，画出同样的纵列，写上同样的标题，同时注明你希望在生命线上 R 到 D 期间实现什么目标。

最后，花上 3 天时间仔细思考你在每一个标题下方所写的信息，请认真思考。你是否想划掉某些目标？你是否想添加其他目标？请随意修改，直到你对自己的目标感到满意为止。

关于恶劣态度，我可以告诉你的好消息是：你可以改掉它。事实上，你的态度会起伏变化。它每天都在变化，每刻都在变化。你可以控制这些变化，但实际情况很容易让你失控。例如，你早上还是积极向上争取获胜的态度，你到达办公室时精力旺盛，热情满满，你拿起电话开始推销。接下来发生什么了？一开始三四个电话都不太顺利，但这没对你造成多大干扰。你的态度可对抗任何负能量。但十来个不太顺利的电话过后，你的积极态度开始土崩瓦解。突然之间，你的态度分降到了 0 分。你整个早上接下来的时间都在尽力将态度提升回 10 分，但仅仅拿起电话就会消耗很大的勇气。

究竟怎么回事呢？你的情绪控制了你的态度。当一件事或多件事，例如推销电话不顺利对你的态度造成影响，你已向情绪屈服。只要这种情绪还在支配你的思考过程，你的态度就是恶劣的，这种情况下你几乎不可能获得成功。你会对自己说："有什么用呢？我已打了 35 个电话，但毫无希望。"伴随这一想法的情绪被称作绝望，或者可以称作无奈，它与感到自己能够获胜的想法是彼此对立的。在这种心态下，很难进行积极思考，很难调整自己的态度。

当一件事或多件事，例如推销电话不顺利，对你的态度造成影响，你已向情绪屈服。

自我形象三角形

态度是自我形象的产物。当你的自我形象非常强大时，消极因素很难影响你的态度。因此，务必要相信自己。你在任意一天对自己的看法都会影响你的态度。在图 16.2 所示的三角形中，你会注意到，你位于态度三角形的正上方，并且你本身是由精神、心智和身体构成的三角形。

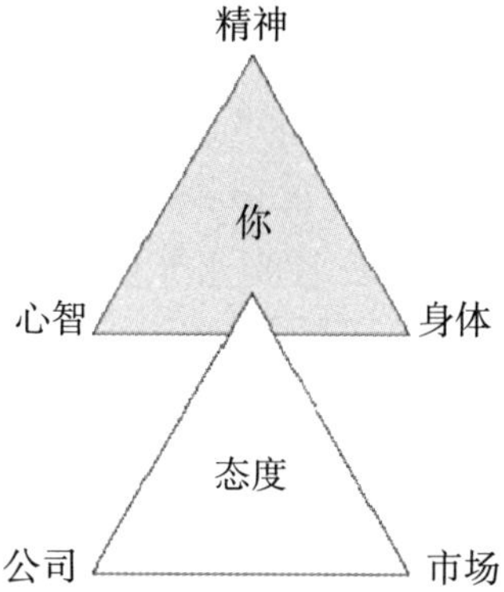

图 16.2　自我形象三角形

“你三角形”（You triangle）被称作自我形象三角形。这个三角形是你的本体，当它强势时，负面事件会被你轻松地抛诸脑后。即使你在打电话时遭遇挫折，你也会很轻松地拿起电话接着打下一个。当你知道自己的本体和角色彼此独立时，就很容易培养积极的习惯。

很多时候，销售人员会认为自己表现不好是因为没有制定目标，或者因为没有按计划进行，或者因为他们在潜在客户面前没能有效地运用销售技巧。因此，他们参加培训会和研讨会是希望自己的表现能够得到提升。然而结果呢？通常效果并不大。即使他们的表现有所提升，也是仅仅持续一两周的时间，然后又回到老样子。到那时，他们的态度会更坏！他们一直把努力用在了错误的地方！

试一下鸟笼挑战

假设我给你一个鸟笼，你把它带回家挂在了厨房里，其他人也能看见。只有一个要求：你必须让鸟笼空上30天，否则你就输了。游戏规则也只有一条：你不能告诉任何人你想要让这个鸟笼空着！

接下来会发生以下情况。

你的家人将看到这个鸟笼，但他们不会立即问你为何会把鸟笼挂在厨房，他们极有可能会等上几天看看情况。

不过，当你的一个邻居过来串门时，他看到鸟笼后问你："鸟呢？"

你回答说："没有鸟。"这位邻居会露出奇怪的神情，但没有继续追问。

接下来有更多邻居来串门，你会遭遇类似的情况。然后你决定把鸟笼盖住，但接着有邻居问："鸟在睡觉？"

你回答："没有鸟。"

这位邻居接着问："你干吗把没鸟的笼子盖住啊？"

你耸耸肩，然后你的邻居离开了。记住，你不能告诉任何人你想要让这个鸟笼空着！

在游戏进行到3周左右时，你会认为自己赢定了。没有人继续追问你丢失的鸟，你在数着日子等待胜利到来。

但你不知道你的家人已经背着你私下召开了会议。他们一致同意："貌似爸爸想要养个鸟。""该怎么办呢？对！去宠物店给他买一只回来。"

那天晚上你回家后，发现鸟笼里有了一只鸟。

现在，这个故事有什么寓意呢？

寓意很简单：确定你想要什么（也就是鸟），制订一个计划（也就是鸟笼），然后就可以等着结果（目标）了。在你制定"鸟笼"时，你就有把握目标能够实现，只不过是时间问题而已。

恶劣态度背后的真正问题往往是因为自我形象过低。因此，对多数人来说，要想实现成功，最快的方式就是花时间研究一下自我形象三角形。

这是改进态度的正确办法吗?

花点时间评估下你的精神、心智和身体状态，然后有的放矢地改进，可能就是这个方面在影响你的态度。

态度三角形的左侧是公司，右侧是市场。这两个因素也会影响你的态度。一定要热爱你的公司，热爱你所在的市场。即使你精神、心智和身体方面都很健康，但你对自己的同事不满意，或者你不喜欢自己所销售的产品、你不相信你所在的市场，你的态度也会受到影响。你会在有时候表现得较为积极，而有时候则较为消极，你将不得不一直花费时间和精力控制这种态度波动。

有必要指出：在自我形象三角形上得分较高的人通常不会在公司或市场三角形中出现太多问题。自我形象较低的人往往会把问题表露出来，他们非但不去寻找解决方案，反而会去责怪公司、责怪产品或者市场大势。自我形象较高的人会从自身找问题，看看自己可以做些什么来改变糟糕的状况。因此，要想成为顶级销售人员，你必须在所有这些方面调整自己。

行为有多重要

现在请仔细观察成功三角形的左侧。你会发现行为三角形由行动、计划和目标构成。行为即是指你花费时间的方式（回顾第四章中的A/B日志）。有些人比其他人高效，是因为他们的行事方式与其他人不同。任何阅读过销售相关书籍或参加过培训会的人都会听说过行为的重要性，尤其是目标的重要性（在本章，你会发现许多练习旨在帮助你提高你在行为三角形各组成要素方面的能力）。

你的行为三角形与态度三角形之间的关系解释了你的专注水平。在态度三角形上得分较低的人通常在行为三角形上的得分也较低。这些人的专注度非常低，这就是成功远离他们的原因。

当我们发现一些人在态度和行为三角形上均得分较低时，我们会建议他们先致力于提升行为三角形。如果他们努力制定更好的规划和行动以实现某些目标，他们甚至可以在无须专门应对态度的情况下就在短时间内改善自己的态度。做事专注的人有着更好的自我感觉。在我们的公司，我们会说：“不是你的感受决定了你的行动，而是你的行动决定了你的感受。”

桑德拉销售小技巧

成功三角形由三个部分构成，不是一个部分。

对于我们大多数人来说，很容易就能掌握成功三角形的技巧部分。技巧这部分专注于“我应该对潜在客户说什么”之类的东西。

然而，让顶级销售人员长期保持高效的因素不是“我说什么”这一部分，这部分可以很轻松掌握。重要的是态度部分——“我为什么这样说”以及行为部分和日常工作。正是这些因素日积月累导致了个人销售量的巨大差异。

你是否知道，根据数据统计，健身房会员卡在新年假期之后的一段时间里卖得最好？实际上，健身房知道：多数顾客在新年时制订健身计划，然后在一两个月之后就不会再来健身房了。健身房的管理层知道多数人坚持不下来，因此他们做了相应的销售计划。为什么会这样呢？更重要的是，为何健身房经营者想明白的事情，销售人员会没想明白呢？

像多数一月份出现在健身房的人一样，多数销售人员和组织仅仅致力于三角形的一个部分。他们致力于学习“做什么”，却很少会去思考“为什么要这样做”，很少去关注烦琐的日常工作。事实上，多数销售人员已经把“做什么”部分掌握到了炉火纯青的地步了，而顶级销售人员则会持续地努力掌握三角形的全部三个部分。

——DHM

引诱自己实现目标

每个人都会制定目标，或早或晚，有意无意。但不幸的是，多数人从未实现他们的目标，即便是很简单的目标。有些人就是不知道如何实现目标，有些人会去尝试，但他们会被周围的事情分心。

现在，我要向你介绍如何“有十足把握”地实现目标。我有一个方法，可以使你先实现较小的目标，然后慢慢实现较大的目标。最终，你将能娴熟地制定和实现目标。方法如下。

想出一些你近几周、近几月或者近几年来一直想要实现的小目标。一定要确保是小目标，它可以是与你的业务有关的目标，也可以是与家庭有关的目标，例如修理钢丝网门、修理漏水的水龙头、为狗修剪毛发，或是清洁电冰箱。不要是难以实现的宏大目标。

现在，拿出一张纸片，把你刚刚想出来的小目标记录下来。例如：“修理卧室中漏水的水龙头。”

然后，在纸片的背面写上：“我保证到（日期，假设是从今天起的30天后）时，会修好卧室中漏水的水龙头。”签上你的名字，然后把它折成硬币大小。

将这张纸片放入口袋中，并在接下来的30天里不要扔掉它。如果你随身携带零钱，那就把这张纸片与零钱放在一起。在接下来的几天里，每当你掏空口袋时，都要打开这张纸并把内容念给自己听。几天后，你不再需要打开纸片并念给自己听，但当你注意到它时，你必须在心里默念：“我保证到（日期）时，会修好卧室中漏水的水龙头。”

我敢保证，这个目标一定会在纸片上所记录的日期之前完成。你可以试着去对抗这个目标，但不会起到任何作用。目标已然制定，你肯定会完成它，并且你会立即完成它。

当你完成这个小目标后，再尝试新的目标。重复这个练习，你最终会认识到，实际上，不管你在纸上写的是什么目标，只要你不断地想着它，它就肯定能完成。

让每一个目标都比之前的目标更大一些。你很快将需要一张更大的纸——最终将需要一个笔记本，跟踪你的目标！

承诺能帮助你经受住逆境的考验。经受逆境时，如果你的承诺过小甚至没有，那么恐惧、怀疑和焦虑就会迫使你投降。这也正是务必要认真对待行为三角形的原因。

改善行为的最简单方式就是制定目标。当你制定一个目标时，你会制订一个工作计划，然后等你行动时就能得到结果。建议先制定简单目标或是可快速实现的目标，养成获胜的习惯。你越早养成这一习惯，它就会越早影响你的态度。

桑德拉销售小技巧

胜者永远不会过时。

时间会变，技术会变，但驾驭了行为、态度和技巧这三大能力的目标导向的销售人员永远不会过时，同时销售这一职业也永远不会像恐龙一样消失不见。

——DHM

最后，重要的是要敢于立志。你愿意立志成为一个成功的人吗？如果你愿意，并且做出了适当的努力，成功就是你的。行为、态度和技巧这三大能力能让你实现你想要的任何程度的成功。你无须其他任何东西。花费精力去掌握每个三角形所要求的能力，你将拥有桑德拉销售体系。

最后一句话：享受赚钱的快乐吧！

附录A

案例研究

罗勒公司："罗勒一家三代人都是桑德拉销售体系的学员！"

公司简介

罗勒一小时暖通空调品牌公司（Rohrer's One Hour Heating & Air Conditioning）是美国宾夕法尼亚州兰开斯特地区领先的暖通空调（简称 HVAC）服务提供商。

公司荣誉

该公司当前在 Businessfinder. Pennlive. com 上一直是五星评级，留言区有 100 多条公司客户的评论。

主要挑战

1990 年时，公司领导者拉里·罗勒（Larry Rohrer）的目标既简单又长远，他想要让自己公司的员工具有其他本地竞争对手鲜有的持久竞争优势。他要求桑德拉培训为其开发一套全面的工具，帮助他的员工实现以下目标。

- 提升销售业绩。
- 提供优质的客户服务。
- 打造有凝聚力的团队。

罗勒告诉我们，他希望自己的员工明白：“公司中的每个人都具备销售能力并且确实在帮助公司销售产品。”

桑德拉的解决方案

我们不断地实施培训和强化课程，课程不仅仅针对销售团队，而且针对公司中的每个人，培训已持续了 23 年……未来还将继续下去。

公司网站

http：//onehourairhelp. com/

业务挑战

我们在 1990 年年初接触罗勒公司时，这家公司已成立 31 年，有着宏伟的计划。公司领导者拉里·罗勒不仅想扩大销售收入，还希望能提升整体客户体验，从而让其销售人员在销售时拥有价格之外的其他优势。

罗勒公司的成功故事是非常典型的，因为该公司的目标总是专注于通过销售驱动的企业文化为客户提供最大价值。拉里·罗勒不仅想要他自己以及他当时唯一的一名销售人员学习桑德拉销售体系，还希望公司内的每个人都学习桑德拉销售体系中的原则，并在公司内外运用这些原则。他想要这些原则在公司上下得到广泛的学习。

我们已践行承诺将近 1/4 个世纪的时间了，即使拉里如今已退休并将公司所有权传给了他的下一代，我们仍能继续在该公司开展培训。拉里的儿子斯科特·罗勒（Scott Rohrer）与马特·布科沃特（Matt Buckwalter）如今是公司的共有人。他们都是桑德拉培训的学员，公司的所有员工都是桑德拉培训的学员：每名客服、每个技工、每名销售。

布科沃特（Buckwalter）是在 2000 年作为销售人员加入该公司

的，当时他毫无销售经验，也没接受过任何培训。他说，他花了大约 18 个月的时间，通过不断的学习、练习和强化，终于感到自己掌握了这些原则。

他对我们说："我依然能记得我感到自己通过桑德拉考验的那一刻。当时，办公室将一个老客户的电话转给了我，这位客户说起话来非常具有侵略性，他想要把空调安装在自己的豪宅中。这位客户非常专业，他说已有多个供应商向他提供了报价，并且他认为这个项目大概会花费他 8 000 美元左右。我认为他这样是在恐吓销售人员。他不停地说，'我认为这个项目成本该这么多，8 000 美元。'

"他希望我们能当即在电话中告诉他我们会要价多少。我告诉他，我对他的豪宅一无所知，无法回答这个问题。这时他向我描述了他的豪宅，我能预想到这是一个大项目。

"我知道他的想法，他想让我在电话中围绕 8 000 美元这一数字与他讨价还价。如果没学过桑德拉原则，我极有可能会这么做。

"但我是这样对他说的：'好吧，在我亲自见到您的豪宅之前，我无法给出报价，但基于您刚刚说的，这个项目成本远不止 25 000 美元。如果您认为能够花费 8 000 美元搞定，那我们之间似乎就没什么可谈的了。我们的对话还有必要继续吗？'

"然后，我就闭口不说话了，如果没学过桑德拉销售体系，我也不会这么做，我没有帮他解围。而他接下来说的话是，'你什么时候可以来一下？'

"他最后选择了我们。也就是在这时，我知道我通过了桑德拉考验。但我花了 18 个月时间进行强化训练，才做到这一点。只是知道桑德拉原则的内容并不足够，你必须要不断地接受强化训练。时间投入非常重要。"

从那时起，布科沃特就一路前进。他很快就晋升为北美地区暖通空调行业中年收入最高的销售人员。如今，他持有公司股权，担任运营经理。

如今，布科沃特及其合伙人斯科特·罗勒都强调，他们信赖桑德拉原则不仅仅因为销售业绩得到了大幅度提升，还因为在整个公司运用桑德拉原则实现了很好的效果。

斯科特对我们说："许多人没有意识到，桑德拉原则不仅仅是针对销售人员的解决方案。桑德拉原则其实与人生技能有关，而不仅仅关乎销售策略。你如何挖掘并释放个体的能力？你如何提升同事之间的沟通效率？你如何巧妙地做出让双方都满意的优秀决策？所有这些都与销售无关。"

斯科特很好地解释了桑德拉原则的普适性。他指出，抓住新的销售机会、催收到期的款项、开展有效的员工评估讨论，所有这些都能用到桑德拉的事先约定原则：双方在开始之前就讨论的目标和基本原则达成一致。斯科特评论说："事先约定这一技巧，几乎与一切事情都深度相关：客户服务、技术、会计、销售、部门间沟通等。我们每天都在运用这一技巧在整个公司创造双赢机会。"

斯科特的儿子达斯坦·罗勒（Dustan Rohrer）在公司是一名电工，他也在不断地接受桑德拉强化培训。罗勒一家三代人都是桑德拉原则的学员！

效　果

- 如今的年总收入是 1993 年总收入的 3 倍还多。
- 员工人数自 1993 年以来增加了 1 倍。
- 自 1993 年以来收购了两家新公司。
- 在 Yelp. com 和 Businessfinder. Pennlive. com 上的平均客户评级持续走高（4.5 ~5 分，满分为 5 分）。
- 过去 12 个月内客服人员流失率为 0。
- 近 3 个月内，售出了超过 1 700 个扩展服务合同，并且这些合同多数是技术人员和客服人员卖出的。

舒尔系统公司："组织内的每个人都需要学一点桑德拉原则。"

公司简介

舒尔系统公司（Sure Systems）是加拿大艾伯塔省卡尔加里的一家本地信息技术咨询和管理服务提供商。该公司擅长为中小型组织提供信息技术服务。

公司荣誉

该公司正在争夺卡尔加里商会年度小型公司的荣誉称号，它还是微软、惠普、联想、IBM（国际商业机器公司）、CA Technologies、易安信（EMC）、思杰（Citrix）和威睿（VMWare）的特许合作伙伴。

主要挑战

2012年年末，首席执行官兼唯一的销售人员亚历克斯·麦吉利弗雷（Alex McGillivray）感到自己的个人和职业生涯遇到了障碍，他开始每周接受桑德拉公司的培训指导。

麦吉利弗雷说："在我接受桑德拉培训之前，我本身遇到了困难，我的公司也遇到了困难。我无法实现自己想要的收入，我感到自己一直在原地踏步。

"我们的公司已经在实行领导者主导的销售模式，我是唯一的销售人员。让人感到讽刺的是，我作为领导者对整套销售理念不太认同，我甚至从来都不想把自己视作一个销售人员。我过去是个工程师，一直以来，销售对我来说都是个令人厌恶的词汇，销售对我来说就是不停地向人施压，而我其实不想施压于别人。但我认为，要拿到业务，必须那样做。我很疲惫，筋疲力尽，看不到尽头。"

麦吉利弗雷希望桑德拉培训能在以下方面帮助他：

- 提升销售业绩；
- 减少个人压力；
- 缩短销售周期；
- 减少每周的平均工作时间。

业务挑战

麦吉利弗雷回忆说："我是自己最大的敌人。我让自己及公司中的每个人都筋疲力尽，我花费大量时间做出的建议书没有任何回音，我基本上做了潜在客户所要求的任何事。我跳进了他们架起的每个圈套，我得到了非常多的'再等等'之类的回复。这给了我很大压力。

"我的桑德拉培训师在一开始就为我分享了一些关键原则，以帮助我攻克这种许多销售人员都面临的问题。其中一项最重要的原则就是事先约定。

"建立事先约定是指事先为接下来会谈中将要发生的事项制定明确的约定。我认识到，之前自己没有得到直接的肯定或否定答复，正是因为我没有在一开始时制定任何有意义的基本原则。因此，我开始练习这一技巧。

"我从 2012 年 11 月起开始每周接受桑德拉公司的培训指导，每周举行的培训会彻底地转变了我的销售方法。我再次想要强调'每周'这个词汇。这是持续的强化培训，逐渐导致你的行为发生重大改变。要想彻底改变沟通方式，必须要持续地与桑德拉培训师互动。

"每周的培训会让我掌握了如何营造没有太大压力的交流氛围，双方都可以看到积极的结果，所付出的时间是值得的。同时，我也在继续保持这一做法。

"我认为，与桑德拉培训最为相像的莫过于我在学习武术时的经历。仅仅理解一个空手道的动作，仅仅看过并知道它的名称，并不能让你在对打练习时正确地运用这一动作。这需要时间和练习，需要不断地重复和强化练习，才能让你做到运用自如。在足够多的练习之后，你甚至不需要思考这个招数，你甚至不需要刻意做出这个招数——你就是招数本身。你已经把它内化了，它就是你的一部分。

“桑德拉培训也是这样的。它大概花费了6个月的时间才让我掌握了桑德拉的‘招数’。这其中包括每周的沟通、每周的目标、每周的责任。我的桑德拉教练经常强调责任的重要性，我非常感激。

“桑德拉会帮助你开发新的行为模式、新的态度以及新的策略。我觉得我身上所发生的最明显的积极变化就是：我如今能很快地得到肯定或否定的答复。这对我们的销售周期的影响非常大，极大地缩短了销售周期。我们如今面临的机遇也比以前多了，这意味着我们公司的收入前景要比一年前光明多了！

“还有一项好处是我完全没有想到的，那就是公司的人员流失率降低了。事先约定及其他桑德拉原则让我成了一个更优秀的经理人，让公司文化发生了一些积极的变化。我已与公司的每个员工分享了这些原则。

“我知道有许多人，如工程师、会计及法务等，都对销售和销售培训持怀疑态度。我只想对他们说，桑德拉销售体系其实是关于沟通的。我认为，组织内的每个人都需要学一点桑德拉原则。”

效　果

- 季度毛利润率从16.6%上涨至49.7%。
- 在2012年，未计利息、税项、折旧及摊销前盈利占销售额的2.0%；而在2013年的前11个月，该比率上涨到了9.5%。
- 首席执行官每周的平均工作时间从60个小时减少到40个小时。
- 销售周期得以缩短。

- 订单的平均金额变大。
- 公司每年的人员流失率下降了67%。

TD 工业公司："我们改变了游戏规则。现在我们不会在不合算的交易上浪费时间，不会像竞争对手那样去争取潜在客户的邀标。"

公司简介

TD 工业公司（TDIndustries）是美国规模最大、地位最高的机械制造和设施服务公司之一。

公司荣誉

该公司被商业畅销书作家罗伯特·利弗林（Robert Levering）和米尔顿·莫斯科维茨（Milton Moskowitz）评为"全美最适宜工作的100家公司"之一。因以原则为中心的领导方式而被提名年度国家安永企业家奖（National Ernst &Young Entrepreneur）。

主要挑战

你需要让销售团队有能力去积极寻求新的业务机会，而非坐等客户找上门。

尽管TD工业公司有着65年的历史，还制订了宏大的十年发展计划，但它也存在问题。如果不对现有销售模式进行重大调整，要实现计划简直是不可能的任务。TD工业公司的销售人员过去采取的是消极被动而非积极主动的销售模式，他们主要专注于管理现有客户，而非积极主动地去挖掘新客户。

要想实现其发展计划，TD工业公司在接下来的十年间需要在机械制造方面实现业务翻一番，同时在设施服务方面的业务达到之前的3倍。TD工业公司目前的流程或方案不能实现这一点。有一点是公司非常清楚的，即它需要世界一流的销售培训，还必须要快速有效。桑德拉培训正是在此时临危受命的。

桑德拉的解决方案

我们开始时一直在倾听，我们听TD工业公司谈论它的痛点，谈论它的挣扎。然后我们问了许多问题，并开始为其销售团队制定定制化的培训方案。

考虑到每个客户都有各自不同的事实，我们制作的方案采取了多点关注的方法，包括以下内容：

- 为销售人员及其领导层安排了训练营，旨在帮助他们了解桑德拉销售体系——这套体系为什么有效以及这套体系如何起作用。
- 每月开展在线研讨会，涵盖具体的销售主题。
- 每季度进行强化培训，使桑德拉原则随时间慢慢成为TD工业公司销售人员的第二本能，从而导致持久的改变，而非权宜之计。
- 在桑德拉培训师的指导下，由销售领导层制定责任基准。
- 实施销售认证程序，让TD工业公司的销售团队朝着目标努力。

效　果

我们为TD工业公司的销售人员提供了一个科学、有条理的销售方法。我们将这种方法与多种工具相结合，一步步引导这些销售人员抓住每一个新的业务机会。在短短3年内，这家公司的销售转化率从 5% 上升到 50%。

其业务部门完全信赖桑德拉体系，在实现销售目标方面完全没有任何问题——确实，这是他们第一次实现销售目标。

从文化角度来看，桑德拉体系对 TD 工业公司的影响是深远的。该公司的一名高层说："现在的生活比过去要好多了。"

还有一名高管说："我们改变了游戏规则。现在我们不会在不合算的交易上浪费时间，不会像竞争对手那样去争取潜在客户的邀标。我们自己创造机会，正是桑德拉培训让我们能够做到这一点。"

附录B

将桑德拉准则应用到企业大客户销售环境中

桑德拉企业大客户销售

企业销售通常涉及多个决策者，销售周期较长，买卖双方都需要多部门协调。桑德拉企业大客户销售包括六个阶段，其中融合了桑德拉潜水艇销售法中的所有准则。

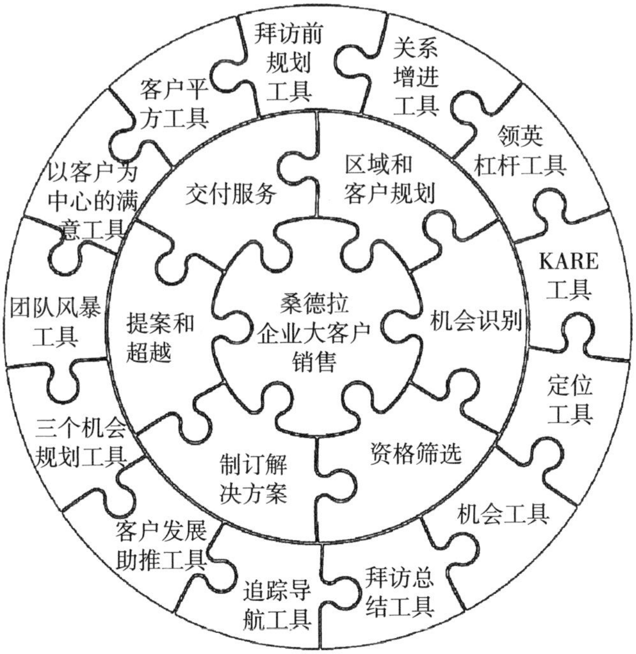

桑德拉企业大客户销售

下面是“桑德拉企业大客户销售”的每个阶段概述。

阶段一：区域和客户规划

在企业销售方面，在你就特定机会去接触潜在客户或客户之前，有很多事需要做好准备，非常重要的第一步就是规划。企业销售有效规划的五个步骤如下：

- 市场分析；
- SWOT 分析；①
- 客户/潜在客户分类；
- 区域价值定位及行动方案规划；
- 客户规划。

在桑德拉企业大客户销售的第一个阶段必须要详细地涵盖上述每一个步骤。区域规划是前四个步骤的重点。客户规划，即第五个步骤，主要关注个体客户。

在了解市场阶段，需要关注的重点是客户基数、经济、服务的结构和部署、市场趋势/格局，以及竞争对手。

一旦收集到有关信息，必须对其进行分析和评估。借助 SWOT 工具，可以在考虑到内外部因素的情况下评估你的发现。

在客户/潜在客户分类阶段，你会用到 **KARE（保留、获取、重新获得、扩大）工具**，从而帮助你形成精准的区域价值定位，为你的区域规划增加重要的价值筹码，为以客户为中心的决策程序提供依据，最终会帮助你推动销售进程。

此时，你对市场及潜在客户已经有了足够清晰的了解，下一个关键要素就是与你的产品/服务进行对接。你会提炼出你的区域价值定位，它就像一座桥一样将你的产品与你的潜在客户群连接起来，

---

① SWOT 分析是基于内外部竞争环境和竞争条件下的态势分析。——编者注

而这甚至在你识别出某个具体的客户或者业务机会之前就已完成。

由于客户的复杂性及老练程度不断增加，建立完整的架构来保留老客户、发展新客户都是很重要的。在客户规划阶段，**客户发展助推工具**（Growth Account Booster Tool）整合了客户规划的四个关键要素：客户信息资料收集、决策链分析、聚焦目标机会以及行动策略。这一高效客户管理工具当中的团队销售架构充分调动了销售组织内部的各种关键资源，从而使得销售成功的概率和客户发展的概率大大提高了。

阶段二：机会识别

机会识别是桑德拉企业销售方案的第二个阶段。这一阶段会为你提供相关工具，帮助你有效识别出潜在客户，帮助你与潜在客户接洽、互动、沟通，以一种令人信服的方式提供有价值的见解，帮助你在双方之间建立信赖。

企业和销售人员都需要不断地获得新客户，这一点对于手上只有几个甚至一个客户的销售人员而言都是正确的。对于这样的销售人员，“新客户”一开始是新的潜在客户，即一个可以向前推进的新业务机会。这样，任何一个现有老客户都可以被看成是多个新的潜在客户，每个老客户其实本身就是一个新的市场。

态度、行为和技巧是与桑德拉成功金三角相关的三个部分。要想获得成功，你必须同时发展这三个部分。例如，即便你拥有一个积极的态度，但如果这种积极态度不能转化为得到有效实施的计划，你也可能所获甚少或一事无成。出于同样的原因，即便你拥有最佳的行为规划，但没有好的态度支撑，没有必备的技能，那你注定会失败。而且，仅仅拥有技巧是走不远的，除非你还拥有乐观的取胜态度和适当的行为规划。

领英杠杆工具（LinkedIn Levers Tool）可帮助你运用这个职业社交网站的优势，实现搜寻潜在客户的目标。

说到面对面的沟通，语言可以起到误导作用，语调可以掩饰意图，但身体从不撒谎！此外，“DISC”（人类行为语言）是一个众所周知的用来将人们的行为风格进行分类的工具。**关系增进工具**（Relationship Builder Tool）将帮助你与客户的主要联系人之间建立坚实的关系。

在业务发展过程中保持高效的一个关键要素就是不断向前推进销售过程。停滞不前的机会将会耗竭资源，包括最宝贵的资源——时间。因此，对于每次销售沟通而言，不管是面对面进行还是通过电话进行，都必须要专注于双方约定好的目标，你和潜在客户都应朝着对双方有利的方向推动销售过程。

事先约定是一个必不可少的沟通工具，可帮助建立共同责任及共同期望，可使销售过程不断往前推进。**三个机会规划工具**（Three Opportunity Planner Tool）可让你明确地专注于接下来60天内最可能取得成功的三个机会。

阶段三：资格筛选

在阶段三，你将学习如何检验潜在客户的资格，这样让双方都明确是否有必要继续向下推进。

企业规划的一个重要要素就是持续的竞争性分析，这可以帮助你巩固进攻和防御策略。**定位工具**（Positioning Tool）将帮助你更多地了解竞争对手，从而在竞争中占据优势。其实，只要你花点时间去搜寻，你所需要知道的有关竞争对手的许多重要信息都是唾手可得的。

团队销售对于桑德拉企业大客户销售来说非常重要，因为客户也在用一个团队来做出购买决策。在本阶段中，你将基于对客户参与采购决策的团队的了解，来确定针对此客户的销售团队的成员。

拜访前规划工具（Pre-Call Planner Tool）和**拜访总结工具**（Call Debrief Tool）可助你在拜访潜在客户时检验其资质。

痛点就是潜在客户的现状与其想实现的状态（通常是一个较为理想的状态）之间的差距。潜在客户对问题的认知通常不能反映实际问题——其根本原因和影响因素。**机会工具**（Opportunity Tool）将助你找出潜在客户/客户的预算及财务关注点、客户组织绩效的障碍以及客户个人的职业目标等。

你可以使用本阶段中的提问策略来揭示问题的原因，即真正的痛点，并确定你是否能消除它。找出问题的影响会让你明白问题的严重性以及潜在客户想要解决这一问题的决心。

在资格筛选阶段，找出潜在客户愿意投资多少钱，以及能够投资多少钱是非常重要的。如果他们不能或不愿做出与你的解决方案相对应的投资，那么这些潜在客户就不符合资格。

你挖掘有效信息的能力，直接决定了你在谈钱时的自在程度。如果你在谈钱时感到不舒服，或许是因为你的方案还不成熟；如果你能有一个事先准备好的提问策略，则可以消除不适感。有三个策略可视你在谈钱时更为轻松：直接提问、第三方故事和范围提问。

阶段四：制订解决方案

在做了之前的那么多工作之后，你现在是时候为潜在客户制订解决方案以赢得这项业务了。你已经对与潜在客户和机会有关的所有变量进行了初步调查，并且潜在客户已同意你向下推进。你还站在自己的角度一遍又一遍地审视了是否该往下推进销售进程有关的因素。在所有这些工作之后，你已准备好进入这一重要阶段。

在阶段四，你将学习如何使用**追踪导航工具**（Pursuit Navigator Tool），基于可量化的标准和商业逻辑来做出是否向下推进的决定。你将学习如何与潜在客户合作共同制订出切实可行的解决方案，你将顺利地转入提案和推进阶段。

阶段五：提案和推进

在阶段四中，你已为制定提案打好了基础。至此，你将开始主动制作方案建议书，将为客户打造的解决方案转化成最终形式（通常是通过正式建议书）。

在这一阶段，你将找出并落实最终完成建议书文件所牵涉的团队行动。必须为方案展示团队选出一个团队领导，通常情况下，这位领导应是与客户关系最紧密的人。同时，务必确保这位领导有着丰富的团队方案展示经验，因为他必须作为观察者和指导者，帮助方案展示人预测可能出现的问题。

在该阶段中，客户的痛点和需要必须是你思考的重点。不应过度关注你所在公司的过往经验及先例，应关注与当前特定的客户有关的内容，避免使用不符合当前客户的需求和痛点的存档文件。应不停地练习方案展示。

如果失败了，做个深刻的总结和剖析。

如果成功了，接着去拟定合同。不要将你的胜利广而告之，要防止意外，坚守阵地。

阶段六：交付服务

在你投入了所有这些时间、金钱和努力之后，既然已赢得业务，那就是时候关注服务质量了。顺便说一下，如果你之前与这个客户打交道时曾失败过，但这次成功了，那么现在就证明了一句俗语：“失败是擦伤，不是文身。”

如果你在这一至关重要的阶段开展有效沟通，那么你不仅能使这次交易取得成功，还能逐渐扩展业务关系。有太多销售组织低估了采取信息共享、团队配合、协调一致的服务方式的重要性。这极有可能是所有阶段中最为重要的一个阶段，因为这一阶段最有可能让你从该公司或其关联公司获得其他业务。

按照客户的标准，优质的服务是留住客户的最好办法。这一阶段中，你将学习使用**以客户为中心的满意工具**（Customer-Centric Satisfaction Tool）、**客户发展助推工具**以及**团队风暴工具**（Team Storm Tool），实现为客户提供优质服务的目的。

此外，你将学到如何利用你已建立的客户关系去探寻更多机会。**客户平方工具**（$Client^2$ Tool）将助你实现这一点。在你赢得业务之后，即是争取更多业务机会的最佳时机。

致　谢

非常感谢以下人士在本书的写作过程中为我提供的帮助、启发和支持：

霍华德·戈尔斯坦（Howard Goldstein）、尤瑟夫·托洛博夫（Yusuf Toropov）、德西蕾·派勒科瓦斯基（Desiree Pilachowski）、布赖恩·沙利文（Brian Sullivan）、格伦·麦特森（Glenn Mattson）、约翰·罗素（John Rosso）、布拉德·弗雷耶尔（Brad Freyer）、里基·基亚雷洛（Rich Chiarello）、比尔·巴特利特（Bill Bartlett）、罗谢尔·卡灵顿（Rochelle Carrington）、哈米斯·诺克斯（Hamish Knox）、乔迪·威廉森（Jody Williamson）、特洛伊·埃尔莫（Troy Elmore）、爱德华·斯托布（Ed Staub）、戴夫·亚齐（Dave Arch）、查克·宝莲（Chuck Polin）、伊凡·宝莲（Evan Polin）、齐普·道伊尔（Chip Doyle）、比尔·莫里森（Bill Morrison）、瑞秋·米勒（Rachel Miller）、鲍勃·迪佛利欧（Bob Diforio）、詹妮佛·威拉德（Jennifer Willard）和马格雷特·杰克斯（Margaret Jacks）。